Abflug Transplantation
Letzter Aufruf

„Wir werden alle Helden sein, auch wenn es nur für einen Tag ist."
(Bushido, Rapper)

Anika Bischoff-Borrmann

**Abflug Transplantation
Letzter Aufruf**

Bibliografische Information der Deutschen National-bibliothek:
Die Deutsche Nationalbibliothek verzeichnet diese Publikation in der Deutschen Nationalbibliografie; detaillierte bibliografische Daten sind im Internet über http://dnb.dnb.de abrufbar.

© 2019 Anika Bischoff-Borrmann
Covergrafik: pixabay IvicaM90

Illustration, Text: **Anika Bischoff-Borrmann**
  1. *Auflage 2016*
  2. *Auflage 2019*

Herstellung und Verlag: BoD – Books on Demand, Norderstedt
ISBN: 978-3-7392-4823-3

„Frau Bischoff, Frau Bischoff! Wir haben ein Organ für Sie. In zehn Minuten werden Sie abgeholt zum Waschen und Rasieren. Sollen wir Ihre Mutter anrufen?"

Die Worte rissen mich aus dem Schlaf. Die Stimme klang so weit weg, die Worte aber umso klarer. Was habe ich in diesem Moment gedacht? Ich weiß es nicht mehr. Ich weiß nur noch was ich fühlte und das war Angst. Mein Schicksal hatte sich gegen das Sterben und für das Überleben entschieden. Was das bedeutete, wie schwer dieser Weg werden sollte, konnte ich zu diesem Zeitpunkt noch nicht erahnen.

Dezember 2014
Zuhause
Mukoviszidosestation, Charité
Intensivstation, Charité

Gut gelaunt, aber müde holte mich mein Lebensgefährte Frank von der Weihnachtsfeier meiner Firma ab. Es war der 19.12. Die Müdigkeit, ich schon Tage vorher spürte, hatte mittlerweile ihren Höhepunkt erreicht. Aber wer war schon nicht müde und überarbeitet im tiefsten Winter, kurz vor Weihnachten? Ich freute mich auf Weihnachten und vor allem auf meine freien Tage. Endlich erholen und richtig schlafen. Ich war häufig müde, dennoch schlief ich nachts schlecht. Ständig hörte ich meinen Herzschlag im Ohr pochen, hatte einen hohen Puls egal was ich tat und ich hatte das Gefühl, ich würde nachts sogar mein Blut im Ohr rauschen hören. „Ich brauche nur mal ein paar Tage Erholung", so hatte ich gedacht, denn Symptome einer Grippe oder Erkältung hatte ich nicht. Sport hatte ich weiterhin jeden Tag betrieben und es lief soweit gut, wenn nur nicht diese schlechten Nächte und diese Müdigkeit wären. Am folgenden Wochenende fühlte ich mich nicht viel besser und so entschied ich noch einen Tag zu Hause zu bleiben, bevor die zwei letzten Arbeitstage vor Weihnachten anstanden. Allerdings kam ich an diesem Montag nicht vom Sofa herunter. Ich schlief, schlief und schlief und als ich erwachte, fühlte ich mich noch nicht einmal besser. Ich war einfach schlapp. Ich telefonierte mit meiner Mutter, die mir riet etwas zum Schlafen zu nehmen. Damit ich mal wieder tagsüber fit wäre. Den ganzen Tag lag ich auf dem Sofa und am Abend war ich plötzlich heiser. War es doch ein Infekt? Appetit hatte ich keinen, obwohl mein Schatz Frank an diesem Abend so eine leckere Kürbissuppe gekocht hatte. Ich aß nur wenige Löffel. Ich sah, dass meine beste Freundin Mandy angerufen hatte. Ich war zu müde und zu geschafft, um sie zurückzurufen. Ich nahm meine Schlafpille und schrieb eine SMS an Mandy, welche nur „Gute Nacht" enthielt, dann schaltete ich mein Telefon aus und legte mich ins Bett. Sofort schlief ich ein, doch die Nacht war seltsam. Ich erinnere mich, dass Frank mich immer wieder ansprach, was denn los sei. Irgendwann schlief ich wieder ein. Am nächsten Tag, es war der 23.12., erwachte ich durch ein ununterbrochenes klingeln. Frank war auf der Arbeit. Das Festnetztelefon tönte ununterbrochen, die Türklingel ebenfalls. Ich schleppte mich zur Toilette und ging dann ans Telefon, dabei schaute ich auf die Uhr und erschrak. Es war 14 Uhr. „Hier ist Peter, mach die Tür auf, mach die Tür auf!" Die aufgeregte Stimme meines Schwagers kam aus dem Hörer. Ich wunderte mich, begriff nicht was los war und suchte nach dem Schlüssel, um die Tür zu öffnen. Peter lief sofort in die Wohnung und zog mich hinterher, Frank folgte dahinter. Entsetzt starrte mich mein Schwager an und schrie: „Soll ich den Notarzt rufen? Soll ich den Notarzt rufen?" Ich weiß nicht mehr warum, aber ich antwortete nicht. Ich dachte nur: „Warum denn?" Frank wühlte in der Zeit in meiner Handtasche, vermutlich nach meiner Krankenversicherungskarte, während Peter telefonierte. Der Notarzt hätte mich ins nächstliegende Waldkrankenhaus bringen müssen, was Frank ablehnte.

Also schleppten mich die beiden zu Peters Auto und wir fuhren selbst zur Notaufnahme ins Vivantes, wo meine Mutter auch als Krankenschwester arbeitete und an diesem Tag zufällig Dienst hatte. Meine Mutter sah mich entsetzt an. Ich weiß nicht mehr was ich sagte oder was sie sagte. Ich weiß nur noch was der Notaufnahmearzt sagte. „Ach du Scheiße!", rief dieser. Sofort wurde ich beatmet. Was ich erst viel später erfuhr, dass ich komplett blau angelaufen war, einen CO_2-Wert von über 100 hatte sowie eine Sauerstoffsättigung von 53%. Ich war mehr tot als lebendig. Ich erinnere mich, dass viele Leute an mir herumfummelten. Ich sollte dann im Rettungswagen in die Charité gefahren werden. Ich schlief viel, war kaum anwesend. Ich bekam nur mit, dass die Fahrt ziemlich rasant war als würde man jedes Schlagloch spüren. Irgendwann lag ich dann auf der Mukoviszidosestation, welche mich gut kannten. Man vermutete einen schlimmen Infekt. Ich bekam eine Sauerstoffmaske, besser fühlte ich mich jedoch nicht. Meine Familie war da und meine Mutter befahl mir im Bett liegen zu bleiben, weil ich trotz meines Zustandes zur Toilette laufen wollte. Mir ging es sehr schlecht. Mein Herz pochte und sprang mir fast aus der Brust, ich hatte Herzrhythmusstörungen. Auf dem Überwachungsmonitor konnte ich es sehen, mein Puls schoss auf 130. Ich war innerlich total aufgeregt, seltsam unruhig und fühlte mich komplett unwohl. Die kommende Nacht war seltsam und unangenehm. Mein Herz schlug entsetzlich schnell in meiner Brust. Am nächsten Tag hatte meine Mutter die Nase voll und verlangte sofortiges Handeln. Die Ärztin, welche das Privileg hatte am

24.12. arbeiten zu dürfen, war scheinbar überfordert mit der Situation. Irgendwie wusste keiner so recht, was mir fehlte. Ich lag weiterhin erschöpft da, während das Personal den Sauerstoff immer höher drehte, was für den ohnehin überhöhten CO_2-Wert nicht vorteilhaft war. Meine Familie verlangte die Verlegung auf die Intensivstation. Das wäre wohl nicht so einfach und dies müsste ein Intensivarzt entscheiden, sagte das überforderte Personal. Bei meiner Mutter lagen die Nerven blank und sie schnappte sich die Ärztin. „Sie wollen also meine Tochter, trotz ihres schlechten Zustandes, nicht auf die Intensivstation verlegen? Sollte ich heute Nacht einen Anruf von Ihnen bekommen, dass Sie meine Tochter reanimieren mussten, dann werde ich den Laden hier verklagen und werde morgen mit der Presse hier aufschlagen." Diese Drohung wirkte und es wurde ein Arzt der Intensivstation konsultiert. Ich wurde umgehend verlegt und kam in ein topmodernes Intensivzimmer. Dort lag ich drei bis vier Tage und es war beinah nett. An der Decke hing eine riesige Lichtinstallation, welche alle paar Minuten die Farbe änderte. Das fand ich spannend. Es gab sogar iPads für Patienten, damit man ins Internet oder Fernsehen gucken konnte. Ich schaute zum ersten Mal das Traumschiff. Ich durfte sogar den Toilettenstuhl benutzen und musste nicht den Nachttopf nehmen. Ich schrieb sogar E-Mails und telefonierte und fühlte mich etwas fitter. Ich schrieb eine E-Mail an meine Mutter: „… Frau Dr. S. war heute da, ich kann bald verlegt werden, ich bin wohl übern Berg…" Drei oder vier Tage später wurde ich tatsächlich zurück auf die Mukoviszidosestation verlegt. Was dort passierte weiß ich kaum noch. Ich weiß, dass es mir rasant schlechter ging und ich in der Nacht mit den Worten geweckt wurde: „... wir müssen Sie verlegen, wir wissen nicht was mit ihrer Lunge ist!" Von dem Zeitpunkt an ging es rasant abwärts. Ich wurde zurück auf die Intensivstation gebracht. Jetzt empfand ich die Station nicht mehr nett und freundlich. Mir ging es sehr viel schlechter, die Luft wurde knapp und wurde jeden Tag knapper. Meine Bronchien waren komplett verschleimt. Ich konnte nicht mehr atmen. Bald wurde ich nasal beatmet. Damit ging es zunächst. Das Licht, welches ich anfangs noch als nett empfand, begann mich nun zu nerven. Die Ärzte versuchten derzeit verschiedenste Antibiotika, damit es mir endlich besser ginge. Der Verdacht reichte von einer Lungenembolie bis zur Lungenentzündung. Mittlerweile waren die Weihnachtsfeiertage vorbei und mir ging es zusehends schlechter. Am 29.12. kam ich an die extrakorporale Membranoxygenierung, kurz ECMO. Die ECMO ist eine große Maschine, welche die Funktion der Lunge übernimmt. Ich erinnere mich, dass ich aus meinen vielen Schlafphasen erwachte und einen roten Schlauch an meinem Oberschenkel sah. Die Schlauchdicke erinnerte mich an die Dicke von Gartenschläuchen. Ein weiterer dicker Schlauch befand sich an meinem Hals. Beide Schläuche waren mit der Maschine verbunden, welche nun den Gasaustausch meiner Lunge übernahm. Mein Leben hing nicht wie sprichwörtlich am seidenen Faden, sondern am dicken ECMO-Schlauch. Mittlerweile stand Silvester vor der Tür. Ich erwachte um Mitternacht und fühlte mich unendlich traurig und allein. Mein Bett stand in Fensternähe und so konnte ich das Feuerwerk sehen. Das Feuerwerk der glücklichen Menschen.

Ich hatte nur einen Gedanken: „Was wird das neue Jahr wohl für mich bringen?"

Januar, Februar 2015
Intensivstation, Charité
Intensivstation, Deutsches Herzzentrum

Die nasale Beatmung reichte nicht mehr aus. Ich wurde nun per CPAP-Maske beatmet. Die Maskenbeatmung wurde zu meiner Fessel. Ich bekam unter der Maske zwar Luft, aber ansonsten konnte ich nichts mehr machen. Nahm ich die Maske ab, bekam ich sofort einen Hustenanfall und meine Luft blieb weg. Niemals zuvor kannte ich derartige Atemnot oder hatte nur die leiseste Ahnung wie sich echte, schlimme Atemnot anfühlte. Nun wusste ich wie es sich anfühlte zu ersticken und von welcher Panik dieses Gefühl begleitet wurde. Leider musste ich die Maske auch mal abnehmen. Wie sollte ich sonst essen und trinken? Das Essen verging mir recht schnell, ich nahm immer mehr an Gewicht ab. Mein Durstgefühl blieb, aber ich reduzierte das Trinken nur auf das Nötigste. Immer wieder keine Luft zu bekommen und diese Panik zu ertragen hielt ich einfach nicht aus. Nachts lag ich wach und war durstig. Meine Lippen waren trocken und dennoch verkniff ich mir zu trinken. Ich wollte die Maske nicht abnehmen. Man ahnt gar nicht wie viel Kraft und Atemluft man zum Trinken benötigt. Das Sprechen fiel unter der Beatmung auch flach. Meine Familie hatte die Idee, dass ich auf Papier mit ihnen kommuniziere. Sie brachten mir ein kleines Ringbuch mit. Es hatte einen fröhlichen Delfin auf dem Blockdeckel. Dieses Ringbuch wurde nun zu meiner Stimme. So langsam begann ich die Lage meines Zustandes zu verinnerlichen. Eine Embolie war kein

Thema mehr. Ich hatte eine Lungen- und Leberentzündung. Meine Lunge arbeitete gezielt auf ein Lungenversagen hin. Ich bekam von den vielen Untersuchungen und Arztgesprächen wenig mit. Durch die ständige Luftnot bekam ich täglich allerhand Medikamente gespritzt. Morphin wurde zu meinem besten Begleiter. Immer wenn ich es brauchte, hielt ich meine Hand ähnlich wie eine Pistole an meinen Kopf. Dort war der Zugang. Dann wusste der Pfleger was ich von ihm wollte. Morphin half mir bei der Luftnot, ließ mich aber auch immer wieder einschlafen und sofort träumen. Ich hörte oft Stimmen vom Personal oder von Frank. Wenn ich jedoch wach wurde war niemand da. Ich träumte von meinem Leben, wie ich mit meiner Freundin Mandy Schuhe kaufen ging und wie viel Spaß wir hatten. Als ich erwachte und realisierte, dass dies nur ein Traum gewesen war, ich in Wirklichkeit sterbenskrank war und mit Maschinen am Leben erhalten wurde, hätte ich heulen können. Aber auch zum Heulen braucht man Kraft und Atemluft, beides hatte ich nicht mehr. Mein Arzt Dr. S. von der Mukoviszidosestation kam oft vorbei. Ich kannte ihn als Hoffnungsträger, immer nett und freundlich. Jetzt betrat er mein Zimmer und lächelte nicht mehr. Ich fragte ihn bei jedem Besuch, ob die Antibiotika anschlugen. Jedes Mal schüttelte er langsam den Kopf und sagte, dass sie die Medikamente erneut umstellen müssten, weil nichts half.

Die gute Seele des Hauses, die Psychologin Frau W., kam mich regelmäßig besuchen. Bei ihr fühlte ich mich wohl, auch wenn sie nicht viel für mich tun konnte, außer mir Mut zuzusprechen. Meine Mutter und Frank kamen jeden Tag. Oft sah ich die Verzweiflung und Fragezeichen in ihren Gesichtern. Irgendetwas musste passieren, aber was? Nicht nur meiner Lunge ging es schlecht, auch meinem Darm. Ständig war ich aufgebläht, hatte keinen Appetit mehr, bekam dafür so allerhand Abführmittel. Husten und Abführmittel, eine schlechte Kombination. Es endet damit, dass man hustet und dabei ins Bett macht. Man kann es nicht verhindern. Mittlerweile machte ich regelmäßig ins Bett und wurde dann vom Pflegepersonal – welches jünger war als ich – frisch gemacht. Ich wäre gern im Erdboden versunken, so sehr schämte ich mich. Täglich wurde ich, trotz ECMO, mobilisiert. Bis zu vier Leute halfen mir dann aus dem Bett. Unter Hilfe lief ich ein paar Mäuseschritte und nahm dann auf einem Stuhl Platz. Dort blieb ich ein, zwei, drei Stunden sitzen, bevor ich wieder ins Bett gehoben wurde. Diese Prozedur war so anstrengend, dass ich zurück im Bett sofort einschlief. Täglich musste ich eine Art Rüttelweste anziehen, welche Vibrationen an meine Bronchen abgab. Diese Vibrationen sollten den Schleim lösen. Bei mir tat sich nicht viel. Die Lunge war einfach zu krank. Das Tragen dieser Weste strengte mich enorm an. Ich sollte diese Therapie am besten ohne Maske durchführen, was wieder zu extremer Atemnot führte. Ich fühlte mich wie in einem Albtraum gefangen und hatte damit nicht übertrieben. Frank fragte mich, wie mein Tag gewesen war und ich schrieb ihm folgende Zeilen auf:

„Mein Tag: morgens gleich Sessel, dann waschen, dann schlafen, dann Rüttel und dann war ich so K.O., dass ich etwas bekam."

Langsam begann ich meinen Verstand zu verlieren, ich hielt diese ständige Luftnot einfach nicht mehr aus. Ich schrieb in meinen Delfinblock: „Panikattacken Luftnot den ganzen Tag." Die Stationsärzte machten mir so allerhand Ansagen, ich solle mich nicht so „hyper" verhalten, sie würden alles für mich tun. Aber Angst und Panik waren zu meinen täglichen Begleitern geworden. Ich wusste nicht was ich machen sollte. Ich konnte mich ohne Medikamente nicht mehr ablenken oder entspannen. Die Luftnot ging mir an die Seele, an meine Substanz. Meine Mutter konnte sich das nicht mehr mit ansehen und schlug ein Tracheostoma vor, was ein wenig Hoffnung in dieser Hölle bedeutete. Ein Tracheostoma ist ein Schnitt im Hals zur Luftröhre. Man bekommt eine Kanüle in die Luftröhre gelegt, welche an die Beatmungsmaschine angeschlossen wird. Die Maschine bläst dann die Lungenflügel auf und man bekommt Luft. Eine weitere Maschine übernahm Dinge, die man selbst nicht mehr konnte. Man hätte wieder ein freies Gesicht und könnte essen und trinken. Nachteilig wäre, man könnte nicht mehr sprechen, noch weniger als unter der Beatmungsmaske. Ich wollte dieses Tracheostoma, ich hatte zwar Angst, aber ich wollte es. Ich wollte einfach wieder Luft bekommen. Ich wollte nur dieses Panikgefühl von der Luftnot wegbekommen, ich hielt diesen Zustand einfach nicht mehr aus. Die Ärzte waren einverstanden und sagten, sie würden die OP dafür noch heute

Abend durchführen. Gott sei Dank, ich wollte keine Sekunde mehr warten. Als sich meine Mutter von mir an diesem Tag verabschiedete, streichelte sie mich und sagte: „Hab keine Angst, ich verspreche dir, danach kannst du wieder atmen."

Abends sollte die OP stattfinden, aber es passierte nichts. Irgendwann kam eine Schwester und sagte: „Ich habe eine gute und eine schlechte Nachricht für dich. Die Gute ist, du hast heute keine OP. Die Schlechte ist, dass du kein Tracheostoma bekommst. Die Ärzte haben sich umentschieden." Sollte das lustig sein? Hatte die Frau den Verstand verloren? Das war meine einzige Hoffnung! Panik stieg in mir hoch. Ich fühlte mich machtlos, ich konnte ja nicht einmal sprechen. Ich nahm meinen Block und krakelte hektisch auf das Papier, dass ich es aber will, dass es mir versprochen wurde und dass ich keine Luft bekam! Sie war sichtlich überfordert und holte den Arzt. Der Arzt versuchte mir dann zu erklären, dass diese Option doch nicht die beste für mich sei. Ich sollte lieber mittels Rüttelweste versuchen den Schleim herauszubekommen und andere solche Sachen. Er stieß auf taube Ohren. Ich konnte es einfach nicht fassen. Ich verstand nicht, warum man mir das antat. Ich bekam seit Wochen schwer Luft. Ich. Nicht er. Und jetzt wurde es nicht genehmigt. Völlig aufgelöst schlief ich unter Medikamenten ein. Mir war so zum Heulen zumute, aber dafür hatte ich ja keine Luft mehr. Als meine Familie am nächsten Tag kam, sahen sie mich entsetzt an, weil ich nicht tracheostomiert wurde.

So langsam verlor ich meine Hoffnung. Die Tage waren so anstrengend, obwohl ich kaum etwas machte. Alles fiel mir schwer. Ich fühlte mich nicht mehr wie Anika. Ich war nicht mehr Anika, ich war eine Hülle, eine kranke Frau, welche an Maschinen hing, regelmäßig erbrach, regelmäßig in Bett machte und dessen Lebenslicht langsam erlosch. Zur Ablenkung erzählte Frank viel von seiner Arbeit, doch ich konnte ihm immer weniger folgen. Die vielen Medikamente und Schlafmittel setzten meine Konzentrationsfähigkeit auf ein Minimum herunter. Wir hielten uns an den Händen und jeder spürte die Verzweiflung des anderen. Vier Tage später drehte sich der Wind und das Tracheostoma wurde erneut Gesprächsthema und genehmigt. Ich war froh. Am 10.01. bekam ich die Kanüle und die Maschine übernahm die Atmung. Am 11.01. war mein Geburtstag. Ich war noch sehr sediert von den Mitteln der OP und bekam nicht viel mit. Ich erinnere mich, dass meine Tante da war und sie hatte eine weiße Stoffente dabei. Diese Ente war ein Stofftier aus meiner Kindheit. Sie wedelte mit der Ente vor meinem Gesicht herum und rief lachend: „Rate mal, wie Enti heißt!" Das war ein Insiderwitz, den ich trotz meines Zustandes verstand. Als ich Kind war, habe ich mit dieser Ente vor dem Gesicht meines jüngeren Cousins herumgewedelt und genau diesen Satz gesagt. Die Pointe des Witzes war, dass die Ente „Enti" hieß. Ich hatte den Namen also schon vorweg verraten. Als ich das nächste Mal erwachte sah ich Frau Dr. K. am Fenster stehen. Neben ihr standen meine Mutter und Frank, beide schauten mich an und weinten. Meine Mutter sah mich weinend an und fragte:

„Willst du transplantiert werden?"

So stand es also um mich. Lungenversagen. Alle Therapiemöglichkeiten waren ausgeschöpft. Ich war austherapiert. Sterben wäre also die nächste Station. Ohne nachzudenken nickte ich energisch. Bald bekam ich die Einwilligung zur Transplantation vor die Nase gelegt. Ich las sie nicht. Ich unterschrieb sofort. Zuvor musste ich noch merkwürdige Untersuchungen über mich ergehen lassen. Zum Glück hatte ich im Jahr 2014 viele Vorsorgetermine wahrgenommen (z.B. Zahnarzt), sodass ich keine Probleme hatte. Man darf wenig weitere Probleme oder Krankheiten haben, keinen Krebs, aber auch keinen entzündeten Zahn. Am 13.01. kam ich offiziell auf die Warteliste, kurz die Liste. Was hieß das nun für mich? Es bedeutete, dass ich jetzt zumindest eine Chance hatte. Eine Chance zu überleben.

Ich quälte mich weiterhin Tag und Nacht. Bewegung wurde immer anstrengender. Ich schrieb für Frank in mein Buch: „Du hast gesehen, wie hart es war ins Bett zu kommen, genauso ist es raus... wenigstens kann ich jetzt atmen und trinken, habe heute Morgen gleich zwei Liter getrunken so kam es mir vor." Ich bekam durch das Tracheostoma besser Luft. Ich konnte wieder trinken, wann ich wollte und musste keine Angst haben dabei zu ersticken. Ich lag nachts wach und trank aus einem Glas mit Strohhalm Apfelsaft und war fast selig. Für mich schmeckte es in diesem Moment nach Champagner. Leider war dies das einzige Highlight. Mein gesundheitlicher Zustand war weiterhin schlecht und verschlechterte sich rapide. Und so langsam verlor ich den Mut. Angst überkam mich und zog in mir ein. Was ist, wenn keine Lunge gefunden wird? Wie lange konnte ich noch in diesem Zustand überleben? Ich konnte nicht reden, nur atmen, weil ich an der Beatmung hing, war verschleimt, hing an der ECMO, war dünn, blass und schwach. Ich wurde weiterhin täglich auf einen Stuhl gesetzt, aber ich starrte nur noch vor mich hin. Ich verlor die Hoffnung, ich verlor die Zuversicht. Ich verlor meinen Lebensmut, ich verlor mich. Irgendwann schrieb ich in meinen Delfinblock: „leben oder sterben." Ich hatte es nicht über das Herz gebracht aufzuschreiben, dass ich sterben wollte. Aber so war es. Ich hielt meinen Zustand einfach nicht mehr aus. Soweit war ich nun, ich war mir selbst fremd geworden. Ich war immer eine lebensfrohe Person gewesen, die immer Tipps und Witze für andere hatte. Eine Person, welche andere Leute in Krisen motivieren und zum Weiterkämpfen animieren konnte. Nun brauchte ich Hilfe, nun war ich das Häufchen Elend. Nun sagte doch tatsächlich ich, dass ich nicht mehr konnte. Ich war am Ende. Ich war jung und bisher voller Lebensfreude, nun lag ich da und dachte an den Tod. Ich sprach in Gedanken zu Gott, überzeugt davon, dass dieser mich hörte: „Gott, ich kann nicht mehr, wenn es so sein sollte, dann hole mich jetzt und nicht erst nächste Woche." Meine Familie, Frank, konnte ich das nicht sagen. Ich wollte nicht, dass sie wussten, dass ich innerlich aufgegeben hatte. Ich war am Ende. Mein Leben war am Ende. Ich erinnere mich, als meine Mutter zu Besuch kam, schrieb ich ihr folgenden Satz auf: „Die Maschine war kurz aus und ich war weg." Meine Mutter reagierte panisch und fragte beim Personal nach. Ja, irgendetwas war mit der ECMO gewesen. Sie sei wohl eine empfindliche Maschine, das war mir auch schon aufgefallen. Das Pflegepersonal schlich immer um die ECMO herum wie Haie ums Boot.

Mein Bruder kam zu Besuch. Mein Bruder hatte zu diesem Zeitpunkt viele Probleme und wir sahen ihn nicht oft. Nun stand er plötzlich an meinem Bett. Er hielt meine Hand und streichelte sie. Leise Tränen rollten über seine Wangen. Ich dachte daran, dass er bestimmt von unserer Mutter „eine Ansage" bekommen hatte mich gefälligst zu besuchen. Schließlich ging es mir sehr schlecht. Es war schön ihn zu sehen, auch wenn der Anlass nicht schön war. Plötzlich sagte er, er möchte gern etwas aufschreiben. Ihm wurde der Delfinblock gereicht und er schrieb mir einen kleinen Brief:

„... wir halten immer zusammen. Egal was kommt! Ich lasse das mit dem Scheiße bauen, solange du hier sicher rauskommst. Denn das ist die Hauptsache! Sobald du irgendwas brauchst, werde ich da sein und eine Lunge finden wir auch noch... Ich liebe dich und ich werde bald zurückkommen, damit ich sicher bin, dass du wieder wohlauf bist."

Es war so lieb von ihm. Das hätte ich von meinem „kleinen" Bruder nie erwartet. Sein Text berührte mich sehr. Er war so schön und auch unendlich traurig. Als er ging wusste ich nicht ob ich ihn je wiedersehen würde.

Ich lag weiterhin da und versuchte am Leben zu bleiben, was mir immer weniger gelang. Von Frank bekam ich zum Geburtstag eine goldene Casio-Armbanduhr, welche bei den Schwestern gut ankam. Ich verlor allerdings immer mehr meine Lebensfreude. Ich war in einem Albtraum gefangen, war täglich mit Morphin weggespritzt, um den Tag zu überstehen. Ich schrieb Frank folgenden Satz auf: „Sorry", das o von Sorry war ein Herz, „ich versuche es, aber es ist so schwer, schwer zu überleben, der schwerste Kampf überhaupt." Und so war es auch. Zu dieser Zeit bekam ich nichts davon mit, dass meine Familie fast täglich angerufen wurde und neue Hiobsbotschaften erfuhr. Als meine Pupillen einmal kaum Reaktion zeigten, lag der Verdacht auf Hirnblutung nahe. Irgendwann sagten die Ärzte zu meiner Familie, dass ich das Wochenende wahrscheinlich nicht überleben werde. Meine Mutter dachte über die Beerdigung nach und Frank dachte gar nichts mehr und hoffte immer noch, dass er aus diesem Albtraum noch einmal erwachen würde. Das Schicksal musste sich langsam für oder gegen mich entscheiden. Die Ärzte sahen keine Möglichkeiten mehr für mich. Niemand – ich am allerwenigsten – rechnete mit den erlösenden Worten am 22.01.:

„Frau Bischoff, Frau Bischoff! Wir haben ein Organ für Sie..."

Ganz verschwommen nahm ich meine Mutter wahr. Sie saß an meinem Bett, als ich schon wieder die Augen schloss und weiterschlief. Ich weiß, dass ich in meiner OP-Zeit etwas geträumt hatte, aber es war verrückt und ohne Sinn wie ein Drogenrausch. Irgendwann erwachte ich richtig. Ich nahm an, dass meine OP erst kürzlich erfolgte, aber das stimmte nicht wie ich später erfuhr. In Wirklichkeit hatte ich einige Tage geschlafen. Ich erwachte ziemlich früh am Morgen und war allein. Mir war sofort klar was passiert war. Ich wurde transplantiert und bis jetzt war ich am Leben. Ich befand mich auf einer anderen Station. Meine Zimmertür hatte einen Sichtschutz aus Glas. Ich hörte die Maschinen neben und hinter mir und fühlte mich ängstlich und allein. Kein vertrautes Gesicht war da. Im Film wird der Patient immer wach und die Familie sitzt erwartungsvoll um das Bett herum. Die Realität sah anders aus. Und ich war durstig. Richtig durstig. Ich konnte durch das Glas auf den Stationsflur schauen, wo sich der Tresen des Personals befand. Dort hatte das Pflegepersonal seine Getränke abgestellt. Und was sah ich? Da stand doch tatsächlich eine eiskalte Pepsi! Ich bin der größte Pepsifan! Ich sah, dass sie eiskalt war, weil die Flüssigkeit an der Flasche herunterlief. Ich lag da, war unglaublich durstig und starrte auf eine eiskalte Pepsi. Ich konnte gar nicht weggucken. Irgendwann kam eine Krankenschwester herein und begrüßte mich. Sie war sehr lieb und machte ein freundliches Gesicht, ich fühlte mich gleich besser. Schade, dass ich nicht sprechen konnte. Später kam Frank mit meiner Mutter vorbei. Ich stellte fest, dass sich mein Körper verändert haben musste.

Plötzlich war alles an mir... irgendwie fett. Ich war immer eine sehr schlanke Person gewesen, was meine Grunderkrankung mit sich brachte. Aber nun hatte ich plötzlich dicke Beine, Arme, Hände und auch dicke Finger. Auch trat Flüssigkeit aus meinem Arm aus. Meine Arme wurden auf Handtüchern aufgebahrt und das Wasser, welches aus meiner Haut, aus den Armen kam, tropfte in die Handtücher. Ich versuchte irgendetwas zu sagen, aber meine Mutter war sehr schlecht im Lippen ablesen. Sie nahm ein Klemmbrett mit Papier und schrieb das ABC auf. Ich sollte nun mit Hilfe des Stifts auf die Buchstaben zeigen, welches Wort ich sagen wollte. Ich konnte kaum den Stift halten, so dick und schwer waren meine Finger und auch mein restlicher Körper. Wir versuchten es, aber es war sehr schwierig, sodass ich bald enttäuscht abbrach. „So ein Mist", dachte ich. „Da bist du dein ganzes Leben eher zu schlank und nun zu schwach und fett, um einen Stift zu halten und obendrein noch (immer) stumm."

Die Schwestern berichteten mir, dass mich bald eine Atemtherapeutin namens Heidi besuchen würde. „Heidi ist so lieb und nett, wir alle lieben Heidi. Du wirst schon sehen." Ich war also gespannt auf diese Heidi. Und was eine Atemtherapeutin mit mir machen sollte, war mir auch noch nicht klar. Leider konnte ich nicht nachfragen. Nicht sprechen zu können war sehr belastend. Die wenigsten Leute konnten Lippen ablesen oder geschlossene Fragen stellen. Irgendwann kam Heidi herein und sagte Dinge, wie: „Perle, was ist hier los? Gleich machst du hier Ballett und 'nen Abflug!" „Das ist Heidi?", dachte ich und bekam Angst vor der Frau. Sie wirkte nicht wie die liebe Krankenschwester von neulich, welche mich liebevoll ansprach, mir die Ängste nahm und mir ein Gefühl von Sicherheit gab. Heidi erinnerte mich sehr an meine Mutter, generalmäßig mit dem Zepter in der Hand. „Hilfe, lasst mich nicht allein mit der Frau!", dachte ich. Heidi fummelte am Beatmungsgerät herum und nahm mir plötzlich die Beatmung vom Tracheostoma ab. Ich realisierte, dass ich nun nicht mehr beatmet wurde. Das nannte Heidi also „Ballett". Ich hatte Angst und Sehnsucht nach (der liebevollen Seite) meiner Mutter. „Wollen die mich jetzt ersticken lassen?" So blöd es auch klingt. Ich konzentrierte mich auf das Atmen, es funktionierte, fühlte sich aber fremd und merkwürdig an. Ich versuchte nicht panisch zu werden, denn ich wollte mich auch nicht blamieren. Plötzlich stand meine Tante an der offenen Zimmertür und rief: „Wat kieksten so, freu dich, dein Tantchen ist da!" Meine Tante hatte mir gerade noch gefehlt, aber ich war auch froh ein vertrautes Gesicht bei mir zu haben. Nun konnten die mich ja schlecht ersticken lassen. Meine Tante setzte sich an mein Bett und redete irgendetwas auf mich ein. Ich konnte mich nicht konzentrieren. Ich war zur sehr mit atmen beschäftigt. Meine Tante schaute sich die vielen Maschinen an, dann wieder mich und dann wieder zu den Maschinen. Sie runzelte die Stirn. „Ach so, du bist ja gar nicht an der Beatmungsmaschine!" „Blitzmerker", dachte ich. Sie hatte dies also erst jetzt bemerkt. Nach fünf Minuten, welche mir endlos vorkamen, wurde ich wieder an die Beatmung genommen und konnte mich etwas entspannen. Meine Tante erzählte mir irgendwelche Geschichten von Leuten, die niemals von der Beatmung loskamen und für immer damit leben mussten. „Na toll", dachte ich. „Solche Geschichten fehlten mir noch!"

Irgendwann lernte ich die Physiotherapeuten kennen. Frank und auch meine Mutter waren mal wieder da als zwei Frauen hereinkamen. Ich schätzte sie auf mein Alter oder jünger. Sie hießen Hanna und Regina. Sie waren sehr nett und hatten freundlich strahlende Gesichter. Ich hatte keine Angst vor ihnen und war gespannt was sie nun mit mir vorhatten. Schließlich lag ich hilflos und fett im Bett und hing an sämtlichen Maschinen. Die Beatmungsmaschine, c.a. zehn Perfusion-Spritzen, Nasensonde, vier Drainagen, einen Blasenkatheter und einen Shaldon-Katheter am Hals. Dazu kamen noch die normalen Kabel wie Sauerstoffsättigungsmesser, Blutdruckgerät sowie EKG. Später kam noch ein Demerskatheter hinzu. Im Laufe meines Aufenthalts erfuhr ich, dass ich auch einen fingerdicken Stent im Brustkorb hatte und auch, dass mein Torso mit Draht verknotet wurde.

Die erste Übung hieß „Bettkante". Da ich unbeweglich war und mich tonnenschwer fühlte, wurde unter mir zunächst ein Tuch platziert. Mit Schwung wurde ich dann mit Hilfe des Tuches an die Bettkante gesetzt. Hinter mir auf dem Bett saß Hanna und stützte meinen Rücken, damit ich nicht zur Seite oder gar nach hinten kippte. Ich merkte schnell, dass meine komplette Muskulatur dahin war. Wie viele Muskeln allein für das Sitzen verantwortlich waren, merkt man deutlich, wenn diese nicht mehr vorhanden sind. Hätte mich Hanna losgelassen wäre ich umgefallen wie ein Sack und hätte mich auch nicht allein aufrichten können. „Wow, endlich sitzen", dachte ich. Meine Mutter lächelte und war von der Technik des Hinsetzens mittels Tuches begeistert. Ich konnte nun aus dem Fenster sehen und sah das Dach des Innenhofes. Draußen sah es kalt und frostig aus, es war mittlerweile Februar. Ich freute mich darüber zu sitzen. Regina hielt mich vorn fest, damit ich keine Rolle vorwärts von der Bettkannte machte. Ich wurde nach Eis gefragt. „Wie? Eis?", dachte ich und runzelte die Stirn. „Eis für den Rücken. Wir können Eis in einen Handschuh tun und dir damit den Rücken erfrischen", erklärte Hanna. Ich nickte entschlossen. Mir war sowieso ständig heiß in dem Bett. Ich bekam Eis, welches ich fortan jedes Mal bei den Übungen haben wollte. Bald hieß es nur noch: „Dich brauchen wir ja nicht fragen, du magst ja immer Eis." Das tat ich. So ging es nun jeden Tag. „Bettkante" hieß die Herausforderung und obwohl es übungstechnisch immer gleich war, bot es doch eine gewisse Abwechslung. Ich freute mich auf die „Physios". Sie waren immer gut gelaunt und fröhlich. Regina lobte mich sehr und sprach mir immer Mut zu, dass alles gut werden würde. Das Hinsetzen fiel mir mal schwerer, mal einfacher. Anfangs wurde ich nach der Übung wieder hingelegt und lag bis zur nächsten Übung wieder auf dem Rücken. Wenn die „Physios" kamen, kam man aus dem Bett heraus.

Die Tage schleppten sich dahin. Frank und meine Mutter kamen jeden Tag vorbei und sprachen mir Mut zu. Obwohl ich unendlich glücklich war eine Lunge bekommen und bisher überlebt zu haben, entwickelte ich dennoch Tag für Tag eine tiefe Traurigkeit, welche mir selbst fremd war. Ich war frustriert. Ich konnte mich nicht bewegen. Ich musste auf den Nachttopf gesetzt werden, dass hieß der Topf wird einem unter den Hintern im Liegen geschoben. In dieser Position sein Geschäft zu verrichten ist alles andere als einfach. Oft gehen die Dinge auch daneben. Peinlicher ging es kaum. Das Personal war oft super lieb und jung. Und nun lag ich dort und fühlte mich alt, fett und hilflos. Wenn ich nicht gerade alle zwei Stunden auf den Topf musste, gab es für mich nicht viel zu tun. Mein Tag gestaltete sich wie folgt: morgens wecken und sämtliche Dinge wurden gemessen wie Blutdruck und Sättigung. Die Tabletten wurden mir um acht Uhr hingestellt. Das waren von nun an echte wichtige Tabletten, dessen Nichteinnahme mein Leben gefährden würden: Die Immunsuppression. Diese Tabletten unterdrücken das Immunsystem, damit das transplantierte Organ nicht abgestoßen wird.

Es folgten tägliche Blutabnahmen, da die Dosis der Medikamente immer genau gewählt werden musste. Das Immunsystem muss schwach sein, um das Organ nicht abzustoßen, aber auch noch stark genug sein, damit man nicht am nächsten Schnupfen stirbt. Die Tabletten, welche ich da in einem Plastikschnapsglas präsentiert bekam, schockierten selbst mich als „erfahrende Tablettenschluckerin". Die Dinger waren so dick wie mein kleiner Finger und auch beinah so lang. Davon gab es sechs Stück für mich. In grüner Farbe mit Pferdestallgeruch. Guten Appetit um acht Uhr. „Muss ich diese Tabletten jetzt lebenslang schlucken, igitt", dachte ich, aber schluckte sie brav. Danach wurde ich gewaschen. Waschen auf der Intensivstation ist nicht das, was man sich exakt darunter vorstellt. Man wird nicht (mehr) mit Waschlappen und Seifenschüssel gewaschen. Man wird entkleidet (erst oben, dann unten) und mit Desinfektionstüchern abgerieben. Diese Tücher konnte man auch wahlweise in der Mikrowelle erwärmen, damit sie nicht komplett kalt auf der Haut waren. Die Wärme hielt nie lang an. Man wird mit kühlen, geruchslosen Tüchern abgerubbelt. Danach wird man mit einer medizinischen Creme am ganzen Körper eingecremt. Dies war bei mir auch sehr nötig, da sich meine Haut überall zu schälen begann. Man konnte cremen und cremen und trotzdem war alles trocken. Frank cremte mir auch regelmäßig Hände und Füße ein. Meine Glieder waren weiterhin vom Wasser aufgequollen, dadurch hatte ich kaum Gefühl in diesen.

Anfangs gab es für mich nur Nahrung über die Nasensonde. Als ich irgendwann wieder echte Nahrung zu mir nehmen durfte, gab es ein neues Problem. Selbstständig essen konnte ich nicht mehr und musste von einer Ernährungspraktikantin gefüttert werden. Das Wasser in meinem Körper, meine Muskulatur war so erschlafft, dass ich meine Hand nicht heben, geschweige denn eine Gabel zum Mund führen konnte. Überall brauchte ich Hilfe, was mich zur Verzweiflung brachte. Mein Hungergefühl verflog nach der Operation sehr schnell. Ich war früher immer eine gute Esserin gewesen, nun schien mein Appetit mit wegoperiert worden zu sein. Nach dem Frühstück wartete ich auf die Mädels von der „Physio". Nachdem ich auch das abgearbeitet hatte wurde Mittagessen serviert. Danach kamen Frank und meine Mutter zu Besuch und versuchten mir den Tag zu erhellen. Aber ich war weiterhin traurig. Ich vermisste Frank. Ich vermisste mein Zuhause. Ich vermisste mein Leben. Mittlerweile war Februar, seit Weihnachten befand ich mich im Krankenhaus. Ich wollte hier raus, ich wollte nach Hause. Ich war transplantiert und am Leben. Ich wollte am liebsten aufstehen und loslaufen. Doch nichts davon konnte ich. Einen Stift halten verlangte an Kraft alles von mir ab.

Täglich begannen nun auch die Atemtherapeuten mit mir zu arbeiten. Ich lernte einen neuen Atemtherapeuten kennen. Ich hoffte auf eine liebe Person, denn Therapeutin Heidi war mir nach wie vor suspekt. Die Tür ging auf und ein kleiner Mann mit grimmigem Gesicht sowie Klemmbrett unter dem Arm kam herein und stellte sich als Torsten vor. Er machte mir noch mehr Angst als Heidi. „Großartig", dachte ich, „was sind das für Atemtherapeuten, ich will hier raus." Es dauerte einige Wochen bis ich mit beiden warm wurde (und sie vielleicht auch mit mir), aber später mochte ich die beiden wirklich, wirklich sehr. Sie waren mir eine großartige Hilfe, ich verdanke ihnen alles. Der erste Eindruck täuscht halt manchmal doch.

Jetzt sollte täglich mit der Sprechkanüle trainiert werden. „Aha, was sollte das denn sein?", dachte ich und fand es schnell heraus. Zunächst einmal wurde mein Beatmungsschlauch von der Halskanüle getrennt und ich bekam ein Plastikventil darauf, die sogenannte Sprechkanüle. Auf diese Weise sollte ich vom Beatmungsgerät entwöhnt werden. Oder wie Atemtherapeutin Heidi es nannte: „Abflug!" oder „Ballett!" Der beatmete Patient wird also immer öfter, immer länger vom Beatmungsgerät getrennt und kann während dieser Übung (Entwöhnung) mit Hilfe der Sprechkanüle sprechen. Soviel zur Theorie. In der Praxis sah das anders aus. Erst einmal passte die Sprechkanüle nicht auf meine Halskanüle. Sodass Heidi der Meinung war, man sollte die Kanüle im Hals tauschen. Scheinbar gab es mehrere Systeme. „Kanüle tauschen?", dachte ich. Neue Angst überkam mich. „Keine Angst, dass dauert 20 Sekunden", versuchte mich Heidi zu beruhigen. Es dauerte tatsächlich nur so kurz, aber das reichte auch. Es war unangenehm und man bekam automatisch Angst, wenn man lange luftnötig war und einem Leute am Hals herumfummelten. Die Kanüle wurde ausgetauscht und die Sprechkanüle passte nun. Die Beatmung wurde unterbrochen und ich durfte „allein" mit der neuen Lunge atmen. „Abflug!", sprach Heidi, „gleich schiebst du 'nen Film." Heidi beobachtete die Anzeigen meines Überwachungsmonitors. „Alles Gut, Perle, entspann dich", sagte sie. Ich konnte mich aber nicht entspannen. „Warum wurde ich wieder von dem Ding abgemacht? Warum so brutal? Warum sagt sie alles sei in Ordnung, wenn ich nicht richtig atmen kann?", dachte ich. Das Atmen fiel mir einfach schwer und ich begriff nicht warum. Ich erfuhr erst später, dass ich noch nach dem alten „Muster" atmete. Ich atmete so, als hätte ich noch die alte, kaputte Lunge. Ziemlich kurz und flach. Dazu kam, dass nach einer Lungentransplantation die Bronchialmuskulatur verkümmert war. Man muss diese Muskeln wie jeden anderen Muskel wieder trainieren und das hieß atmen. Atmen trainieren. Das klang so einfach und war doch so ungeheuer schwer. Ich hatte das Gefühl Panik zu bekommen und wie sich Panik anfühlte, wusste ich zur Genüge. Heidi ging während der ersten Übungen nicht aus meinem Zimmer, beruhigte mich und sah mit mir fern. Ich fing an sie zu mögen, vielleicht, weil sie mich doch nicht verrecken ließ wie ich anfangs noch glaubte. Ich weiß nicht mehr wie lange ich von der Beatmungsmaschine ab war, vielleicht fünf oder zehn Minuten. Dann wurde ich wieder angeschlossen und die Maschine übernahm nun wieder die kräftige Atmung für mich und dehnte meine Lunge. Mir rollten Tränen vor Erleichterung, Angst und Erschöpfung herunter. Wie hart die nächsten Wochen, gar Monate, mit dieser Maschine werden sollten, konnte ich – wie so vieles - zu diesem Zeitpunkt noch nicht erahnen.

Meine Familie wollte, dass ich schnell ins Leben zurückkam und versuchten mich ununterbrochen aufzuheitern, zu motivieren. „Schreib doch ein paar E-Mails, hier ist dein iPad, schreib doch Mandy mal eine E-Mail, sie fragt so oft nach dir", erzählte mir Frank. Mandy wollte mich schon oft besuchen kommen, aber ich erlaubte dies bisher nicht. Es ging nicht um sie persönlich. Sie war meine beste Freundin, die ich wie eine Schwester liebte, aber ich war einfach noch nicht soweit. Ich wollte nicht, dass sie mich in diesem Zustand sieht. Jeder Besuch hätte der letzte sein können und dann hätte sie mich so in Erinnerung behalten, dass wollte ich nicht. Heute weiß ich, dass diese „Idee" nicht richtig von mir war, aber damals empfand ich so. Ich wollte sie schützen, vor mir, vor meinem sterbenskranken Anblick. Ich wollte niemanden belasten. Ich belastete meine Familie zu dieser Zeit schon genug. Ich nahm das iPad ungeschickt in die Hand und versuchte zu surfen. Aber ich hatte keine Kraft in den Händen, ich konnte das iPad oder Franks Mobiltelefon einfach nicht festhalten. Ich hatte überhaupt keine Kraft mehr. Ich konnte nicht einmal mehr eine Mineralwasserflasche öffnen oder den Knopf eines Deosprays drücken. Ich tippte wild auf dem iPad herum und brachte nichts zustande. Ich konnte obendrein nur verschwommen sehen und überhaupt nicht koordinieren was ich da tat. Erst Monate später sah ich, dass ich an diesem Tag doch eine E-Mail verschickt hatte. Es war nur ein Satz, der „Hallo Mandy, wie geht es dir" lautete. Etwas anderes war auch seltsam, ich konnte die E-Mails in meinem Posteingang nicht richtig lesen. Die Absenderadressen sahen für mich osteuropäisch aus. Den Namen „Mandy" konnte ich nicht lesen. Ich teilte Frank dies mit und er verstand mich nicht. „Da steht doch Mandy", sagte er entsetzt und zeigte auf den Namen. Ich schüttelte felsenfest den Kopf. Die Krankenschwester, welche hereinkam bestätigte Franks Meinung, aber ich sah dies einfach nicht. Für mich standen dort Worte in einer fremden Sprache. Die Krankenschwester war verwundert und erklärte, dass manche Leute, die lange im Krankenhaus lagen, seltsam wurden. Ich fühlte mich beleidigt, ich war nicht verrückt. Frank war so verstört über meinen Zustand, dass er an diesem Tag etwas eher ging. Im Nachhinein weiß ich nicht was da los war. Ich denke die vielen Schmerz- und Schlafmittel hatten mir einfach das Gehirn vernebelt. Ein anderes Mal teilte ich Frank mit, er solle mich doch bitte vom Bett heben, ich möchte laufen. Er war irritiert, schaute mich ernsthaft an und sagte: „Du hängst an der Beatmungsmaschine, ich nehme dich doch nicht vom Bett herunter!" Ich verstand ihn nicht. Ein anderes Mal teilte ich ihm mit, dass ich auf der Flurtoilette gewesen war. Er fragte bei der Krankenschwester nach, die energisch mit dem Kopf schüttelte. Ich kam mir wie eine Verrückte vor, was ich vermutlich auch war. Ich kann es mir im Nachhinein nur so erklären, dass ich es geträumt haben musste und dann Traum und Wirklichkeit nicht mehr auseinanderhalten konnte. Ich erzählte so einige Geschichten in dieser Zeit. Ich erzählte auch einem Pfleger, er bräuchte mich nicht zu waschen, denn ich hätte schon geduscht. Ja klar, erstens konnte ich nicht laufen, geschweige mich bewegen und Duschen gab es auf der Intensivstation gar nicht. Aber ich hatte dies geträumt und es schien mir real.

März 2015
Intensivstation, Deutsches Herzzentrum

Das tägliche Atemtraining füllte nun die Tage aus. Ich war von morgens bis abends beschäftigt und Ponyhof war anders! Das Atemtraining war hart. Ich wollte nicht von der Maschine ab, ich hasste das Gefühl. Ich konnte einfach nicht richtig atmen. Ich hatte Angst unbemerkt zu sterben. Ständig wurde ich beruhigt, dass meine Sauerstoffsättigung 100% anzeigte, es war genug Luft da. Ich fühlte diese 100% aber nicht. Jedes Mal waren die Symptome gleich. Ich kam vom Gerät ab und wurde erst einmal abgesaugt. Absaugen bedeutete, man führt einen Schlauch in die Halskanüle ein und saugt mit Hilfe einer Absauganlage Schleim aus dem Hals. Das Husten fällt einem nämlich mit untrainierter Lunge und mit Tracheostoma schwer, es funktionierte bei mir nicht. Der Schleim wird also abgesaugt. Das ist eine kurze, aber anstrengende Prozedur, die ich auch hasste. Dann blieb das Beatmungsgerät bzw. dessen Schlauch ab. Man bekam die Sprechkanüle aufgesteckt und los ging es. Zuerst wurde mir heiß, ich begann von jetzt auf gleich extrem zu schwitzen. Die Socken mussten mir ausgezogen werden und Frank musste mir mit Hilfe eines kleinen Fächers Luft zu wedeln. Es klingt verrückt, aber ich hatte das Gefühl mein Kopf würde platzen. Ich hatte das Gefühl, als würde ich keine Luft bekommen. Das perverseste war, ich fühlte dies, aber es war nicht so. Der Monitor zeigte super Werte an. Es war genug Luft da. In meinem Kopf war aber Luftnot und Panik „abgespeichert" und das seit längerer Zeit. Für manche Leute war das schwer abstellbar und ich gehörte eindeutig dazu. Das Atemtraining wurde zum täglichen Albtraum, meinem persönlichen „D-Day", meine Landung in der Normandie... Alle Menschen um mich herum atmen friedlich vor sich hin, warum konnte ich dies nicht? Ich schrieb auf das Klemmbrett an meine Mutter: „Ich dachte die neue Lunge funktioniert von allein." Meine Mutter belächelte diese Aussage von mir, aber ich war wie paralysiert, jedes Mal, wenn ich von der Beatmungsmaschine ab war. Ich konnte nicht mehr denken, mich nicht mehr konzentrieren. Ich war ein ätzendes Nervenbündel und hasste mich selbst dafür. Aber die Gefühle, welche ich jedes Mal bekam, hörten einfach nicht auf. Das harte Atemtraining kostete mich so viel Kraft, sodass ich nach dem Training, zurück an der Maschine, sofort einschlief. Auch sonst wurde mir alles zu viel und ich weinte und jammerte oft. Meine Mutter war die erste die es aussprach: „Ich denke du brauchst Stimmungsaufheller." „Ich soll Psychopillen schlucken?", dachte ich, „na toll... soweit war ich also schon."

Das tägliche Atemtraining ging mir an die Substanz und es wurde einfach nicht besser. Die Zeit bis zum nächsten Training verging schnell. Die Zeit, welche ich von der Maschine ab war, verging nicht. Die Trainingszeit wurde täglich länger, nur leider nicht einfacher. Atemtherapeut Torsten kam täglich mit seinem respektvollen Klemmbrett unter dem Arm militärisch ins Zimmer marschiert und gab den aktuellen Tagesplan an. Er sah mein verheultes Gesicht und hielt mit seiner Meinung nicht hinter dem Berg. „Wie siehst du denn aus? Dieses Gesicht! Bitte guck mal in den Spiegel. Wenn du weiter so guckst, will hier niemand mehr dein Zimmer betreten."

Man mag es kaum glauben, aber ich war niemals sauer auf Torsten, Heidi oder sonst jemanden. Ich wusste sie hatten alle Recht, wollten mir helfen und mich ins Leben zurückbringen. Es lag allein an mir und das war das Problem. Mein größter Kritiker? Ich war es immer selbst. Der lange Kampf vor der OP, die Transplantation und jetzt der Kampf zurück ins Leben, ich war einfach fertig mit mir und der Welt. Ich wollte es so sehr, alles schaffen, aber es gelang mir nicht. Ich musste wie ein verheultes Häufchen Elend ausgesehen haben. Neben der Atemproblematik kam noch meine Unselbstständigkeit hinzu, die mich fertig machte. Ich konnte nichts mehr allein machen. Ich lag wie ein Käfer auf dem Rücken. Nur mein Verstand funktionierte noch, irgendwie zumindest.

Atemtherapeut Torsten erzählte mir die Geschichte vom Lügenbaron Münchhausen. Dieser steckte einst mit seinem Pferd im Sumpf fest und schaffte es dennoch sich aus dieser Misere zu befreien. „Weißt du wie er das geschafft hat?", fragte er mich und ich schüttelte den Kopf. „Er hat sich selbst an seinem Zopf aus dem Sumpf gezogen", erklärte er mir. „Und du musst das auch machen. Du machst das hier alles für dich, für dein Leben", fügte er hinzu. Er hatte ja Recht. Aber sich selbst aus dem Sumpf ziehen? War Torsten jetzt verrückt oder doch nur diese Geschichte? Atemtherapeut Torsten redete viel und gern und legte noch einen oben drauf: „Du machst das hier alles für dich. Du willst hier raus. Das Personal geht nach seiner Schicht nach Hause wie ich. Ich gehe in drei Stunden nach Hause. Ich lass den Laden dann hinter mir, geh in den Keller, hol mir ein schönes kaltes Pils und setz mich damit in meinem Garten. Denk immer daran, du willst hier raus." Ja... der liebe Torsten... Trotz dieser Ansagen mochte ich ihn und Heidi mittlerweile sehr. Vielleicht, weil ich Leute einfach mag, die einem authentisch die Wahrheit ins Gesicht sagen können. So wie ich vor meiner Operation gewesen war, bevor ich hier lag und täglich kämpfte.

Jeder versuchte mich zu bestärken und zu motivieren, aber die Sprüche hingen mir bald zum Hals heraus. Sprüche wie: „Ein Marathonläufer muss auch täglich hart trainieren, damit er es schafft." Das mochte schon sein, aber was wussten alle anderen schon von meinem Schmerz? Das Schlimme war, man muss diese Dinge ganz allein schaffen. Man hat zwar viele Leute an seiner Seite, aber niemand konnte wissen wie schwer das Abtrainieren von der Beatmungsmaschine war und auch alles andere. Man hatte keinerlei Kontakt zu anderen Transplantierten, welche vielleicht dasselbe hinter sich gebracht hatten. Auf der Intensivstation kämpfte man allein.

Ich bemühte mich täglich ohne Beatmungsmaschine zu atmen sowie an der Sprechkanüle zu sprechen. Jedoch bereitete mir beides Schwierigkeiten. Eine echte Stimme hatte ich nicht. Mal hörte man nur ein Flüstern, manche Tage hörte man gar nichts. Ich hatte so oder so auch nur wenig zu erzählen. Mein Alltag war jeden Tag gleich, es war egal, ob es Montag, Freitag oder Sonntag war. Ein normales Leben hatte ich nicht mehr und sehnte mich mittlerweile nach völlig profanen Dingen wie mit dem Bus fahren. Früher hätte ich niemals darüber nachgedacht.

Eine neue „Physioübung" kündigte sich an: Stehtraining. „Wow... kann ich nicht einfach aufstehen?", dachte ich naiv. „Du willst doch bestimmt bald laufen", sagte Hanna, „dann müssen wir anfangen das Stehen zu üben." Laufen... auch so etwas Schönes, wonach ich mich sehnte. Der Tag des Aufstehens kam. Frank und meine Mutter waren dabei. Zunächst wurde ich an die Bettkante gesetzt. Links und rechts hakten sich nun Hanna und Regina an mir ein und zählten bis drei. Bei „drei" sollte ich aufstehen, die Beine durchdrücken und versuchen diese zu halten, zu stehen. Ich stand auf. Meine Beine fühlten sich tonnenschwer an, ebenso mein Hinterteil. Mein Körper zog mich stark in Richtung Erde. Meine Beine und Füße brannten obendrein wie Feuer. Ich hielt diese Position gefühlte zwei Sekunden aus, dann ließ ich mich nach hinten plumpsen. Natürlich hielten die Mädels mich fest, sodass ich sanft auf der Bettkante landete. „Ach du Scheiße", dachte ich verzweifelt. Obwohl ich vorher schon lange unbeweglich im Bett lag, hatte ich immer gedacht, ich könnte ja jederzeit aufstehen, wenn man mich nur lassen würde! In diesem Moment realisierte ich erst, dass ich weder stehen noch laufen konnte. Meine Muskulatur war spürbar weg. Nichts konnte ich, nichts und nun begriff ich es. Ich war davon überzeugt, dass ich in diesem Jahr nicht mehr laufen lernen würde und heulte erneut vor Traurigkeit und Erschöpfung. Meine Mutter verstand mich nicht. „Warum heulst du ständig, du müsstest dich freuen, dass du jetzt soweit bist, um wieder stehen und laufen zu lernen. Du willst doch vorankommen." Sie hatte ja Recht, dennoch war ich todtraurig. Ich konnte es einfach nicht abstellen. Ich sehnte mich so sehr nach einem normalen Leben und hatte obendrein keine Geduld. Ich vermisste alles. Laufen, mein Leben, Frank, alles eben. Ich war nur noch eine dicke, verheulte Gestalt im Krankenhaushemd ohne Unterhose, welche tagtäglich auf den Nachttopf gesetzt werden musste. Ohne fremde Hilfe konnte ich nichts mehr machen. Meine Selbstständigkeit, meine Unabhängigkeit, alles war weg. Ich hatte das Gefühl, jeder lebte sein (schönes) Leben glücklich und zufrieden weiter, nur ich war in diesem Albtraum gefangen. Franks Schwägerin war zu diesem Zeitpunkt schwanger und meine Mutter stand kurz vor dem Baubeginn ihres Eigenheims. Jeder hatte seinen schönen Alltag. Und ich? Nichts konnte ich mehr machen ohne Hilfe. Dieser Zustand, alles hier, machte mich völlig fertig. Wenn Leute Dinge sagten, wie: „Ich gehe an meine Grenzen", dann hatten sie selten eine Ahnung wie es war, wirklich an seine Grenze zu gehen. Ich ging hier mittlerweile seit Wochen jeden verdammten Tag an meine Grenzen. Jede Faser meines Körpers ließ mich diese Grenze spüren und noch einen Schritt weiter. Alles schmerzte, erst recht nach dem Training und ich schlief erst einmal vor Erschöpfung ein. Wie sich Angst anfühlte und wie sie „schmeckte" wusste ich zu Genüge. Ich hatte weiterhin viel Angst, Angst es nicht zu schaffen. Damit meinte ich nicht zu sterben, merkwürdigerweise nicht. Ich hatte Angst, ich würde in diesem Zustand verweilen. Ich würde einfach immer beatmet und bewegungsunfähig daliegen. Diese Angst begleitete mich viele, viele Monate.

Es folgte ein neues Stehtraining. Und es war nicht einfacher. Dazu kam, dass irgendetwas passierte. Ich musste festgehalten werden und plötzlich wurde meine Beatmungskanüle aus dem Hals herausgerissen. Ich realisierte dies und hauchte ein zartes, aber panisches „Ich bekomme keine Luft" in Hannas Richtung. Hanna lief sofort aus dem Zimmer. „Wir brauchen hier mal schnell einen Pfleger!" Der Pfleger kam und legte mich zurück ins Bett. Vorsichtig schob er die Kanüle wieder zurück und die Beatmung lief wieder. Ein kurzer Stress. Des Weiteren erfolgte das Stehtraining am sogenannten Stehbrett. Man wird liegend auf ein Brett geschnallt und dann wird dieses aufgerichtet und man stand. Mann, war das schwer. Später wurden diese Stehübungen verschärft, mit dem täglichen Training auf dem „Galileo". Das war eine große Vibrationsplatte, welche den ganzen Körper anspannen ließ. Rückblickend kann ich sagen, diese Maschine rettete mir das Leben und machte mich wieder mobil.

Das Atemtraining, das Abtrainieren von der Beatmungsmaschine, wurde für mich zur größten Herausforderung. Atmen an der Sprechkanüle war wie atmen durch einen Strohhalm. Dazu kam das Trainieren von Zwerchfell und der restlichen Muskulatur. Kaum vorstellbar, aber auch meine Bronchen taten mir bald weh, eine Art Muskelkater. Es war auch schwierig den Schleim weg zu räuspern oder gar hoch zu husten. Husten konnte ich nicht. Ich war es weder gewöhnt mit der neuen Lunge selbstständig zu atmen oder gar zu husten. Es hörte sich eher wie ein alter Hund an, der bellte und brachte Garnichts.

Meine Traurigkeit wurde immer schlimmer. Ich hatte das Gefühl, dass die Ängste mich auffraßen. Wenn die Psychologin Frau W. bei mir war ging es mir besser, auch wenn meine Kommunikation eingeschränkt war (ich war ja meistens beatmet und konnte somit nicht sprechen). Irgendwie fanden wir einen Weg zu kommunizieren. Es war nicht nur die Hilflosigkeit, die Bewegungsunfähigkeit, das viele Wasser in meinem Körper, so langsam fiel mir auch die Decke auf den Kopf. Blickte ich aus dem Fenster gab es nicht viel zu sehen, außer das Klinikdach des Innenhofes. Viel zu selten landete dort mal ein Vogel. Frank fing früh damit an mein Zimmer zu „dekorieren". Vor meinem Bett befand sich eine milchige Glasfläche. Das Personal konnte dadurch per Knopfdruck vom Nebenzimmer in mein Zimmer schauen, wenn es dies wollte. Frank klebte diese Fläche mit Urlaubsfotos zu. Ebenso brachte er gemalte Bilder von unserem Neffen mit und klebte diese dazu. Die Fotos erregten die Aufmerksamkeit des Personals. Besonders ein Foto. Es zeigte mich im amerikanischen Jagdoverall, dazu noch salutierend. Es wurde nun gegrübelt was das wohl darstellen sollte. Viele dachten, ich wäre bei der US-Armee oder Fallschirmspringer. Die vielen Fotos und

Bilder sollten mich erheitern und mir Mut machen, dass ich immer noch ich war und mich anstrengen sollte, dort wieder hinzukommen. Ich war nicht nur ein kranker Mensch im Nachthemd, aber ich war einfach noch nicht an diesem Punkt. Auch meine Mutter brachte so allerhand Deko mit. Decken, Kissen und Plastikblumen, welche wie echt aussahen. Oft verwirrten diese künstlichen Blumen das Personal, diese wurden fast panisch. Meine Bettdecke war irgendwann bunt und Stofftiere gab es auch.

Doch ich weinte viel, sehr viel. Ich weinte beim Aufwachen und ich weinte beim Einschlafen. Das positive war, ich hatte nun genug Luft, um zu weinen. An der Sprechkanüle kam ich nur wenig voran. Es blieb eine tägliche Qual für mich. Meine Familie kam jeden Tag und musste mein Geweine ertragen, was ihnen bald zu viel wurde. Sie wechselten sich ab und spielten „guter Cop" und „böser Cop". Entweder wurde ich von Frank getröstet und von meiner Mutter angemeckert, ich solle mich endlich mal zusammenreißen, oder ich wurde von meiner Mutter getröstet und Frank blaffte mich an. Auch er war seit Monaten völlig fertig und konnte das alles langsam nicht mehr mit ansehen, geschweige denn aushalten. Ich sah die Wut in seinen Augen. Einen Ausdruck, den ich nach 9 Jahren Beziehung von ihm nicht kannte und mir bis heute in Erinnerung blieb. Ich hatte damals ernsthaft Angst, wirklich große Angst, dass wir an dieser Situation zerbrechen. Wer hätte es ihm verübeln können? Ich verstand seinen unendlichen Schmerz und doch hatte ich keine Kraft mich um ihn zu kümmern. Bei meiner Mutter hatte ich Angst, dass sie ihre täglichen Besuche einstellen würde. Auch das hätte man ihr nicht übelnehmen können, denn ich war eine furchtbare Gestalt.

In dieser Zeit wurde ich von Albträumen geplagt, dass mich meine Familie verlassen hätte. Ich wachte verheult auf und fühlte mich hundeelend. Die Angst war tief in mir verankert und was für mich noch schlimmer war, ich schämte mich für mein eigenes Verhalten. Ich lag hier und heulte tagtäglich. Ich war aber am Leben! Ich stellte mir vor, was wohl die Angehörigen des Spenders von mir denken würden, wenn sie mich so sehen würden! „Guck dir das Mädel an, da hat sie die Lunge unseres Liebsten bekommen und weiß es scheinbar nicht zu schätzen tzt tzt tzt...", so stellte ich es mir in Gedanken vor, was mich nur noch trauriger machte. Klar, ich war dankbar am Leben zu sein! Gar keine Frage! Aber der Weg war einfach so hart und mein Herz so schwer. Ich wusste mir nicht zu helfen. Ich kam einfach nicht aus diesem Teufelskreis heraus, so sehr ich es auch wollte. Neben meiner Lunge und der Abgewöhnung von der Beatmungsmaschine gab es noch andere Baustellen, mit denen ich mich herumplagte. Scheinbar litt ich unter Blutarmut und bekam nun hin und wieder Blutkonserven. Vor der ersten Blutkonserve hatte ich Angst und starrte die ganze Zeit den roten Beutel an. Da lief fremdes Blut in mich hinein! Überhaupt hatte ich weiterhin viel Angst. Angst war bekanntlich ein „schlechter Berater". Und die Probleme rund um meinen Körper gingen weiter. Ich entwickelte eine Polyneuropathie, eine Nervenschädigung. Man bekommt z.B. Schmerzen, Kribbeln oder Taubheitsgefühle in den Fingern oder Fußsohlen. So etwas kann sich wohl aufgrund der hohen Medikamentendosen entwickeln, was bei mir der Fall war. Ich bekam z.B. nach dem Stehtraining Schmerzen an den Fußsohlen, ein starkes Brennen. Mal bekam ich es, mal bekam ich nichts. Mal hielt das schmerzvolle Brennen tagelang an, mal war es für Tage weg und ich hoffte es los zu sein. Durch das viele Wasser im Körper war auch mein Bauch stark aufgebläht und bereitete mir jeden Tag Probleme. Die Ärzte hatten Sorge, dass es zu Verstopfungen kommen könnte und ich erhielt so allerhand Abführmittel, um den Darm zu lockern. Leider passten Bettlägerigkeit und Abführmittel nicht gut zusammen. Ich machte oft ins Bett, weil ich es einfach nicht steuern konnte und schämte mich dafür entsetzlich. Als Maßnahme dafür bekam ich wiederum Darmrohre eingeführt, welche schlimmeres verhindern sollten. Diese Prozedur war schmerzhaft und brachte mich nur noch mehr zur Verzweiflung.

Die meiste Zeit verlebte ich im Bett. Wer lange liegt, bekommt neben der verkümmerten Muskulatur noch mehr Probleme. Man liegt sich wund. Ich kannte Dekubitus-Geschichten nur aus Pflegeheimen. Nun gehörte ich auch dazu. Vor meiner Transplantation auf der Intensivstation der Charité, hatte ich auch schon „das Vergnügen" damit gehabt, den Dekubitus allerdings wieder wegbekommen. Nun war er wieder da. Ich hatte ein Loch am Hinterteil, welches ziemlich schmerzhaft und langlebig war. Genau das, was mir in meiner Situation noch fehlte. Mir wurde geraten auf der Seite zu schlafen. Obwohl ich immer ein Seitenschläfer gewesen war, ging es nicht mehr. Vielleicht lag es an der Atmung oder an den vielen Kabeln und Drainagen, aber mir war dies einfach nicht mehr möglich. Also kam nun auch fast täglich der Wundpfleger bei mir vorbei, schaute sich alles an, dokumentierte alles und verband es wieder. Und ich schämte mich einfach weiterhin, daran war ich mittlerweile gewöhnt. Während der Versorgung meines Hinterteils schaute ich oft auf den Stationsflur hinaus und erblickte eine „flotte Omi", die mit Gehwagen vorbeilief, fast rannte. Ich beneidete sie. Ich wollte so sein wie sie. Ich wollte laufen.

Irgendwann war es soweit. „Montag werden wir laufen", verkündete Physiotherapeutin Hanna und strahlte dabei. „Ui… endlich, hurra", dachte ich. Ich freute mich wirklich, obwohl ich auch von vielen Zweifeln geplagt wurde. „Würde es klappen?" Ich war sehr aufgeregt. Am Montag, es war der 09.03., kamen Hanna und Regina mit dem Gehwagen herein. Ungläubig starrte ich das Ding an. Hanna erklärte mir wie es funktionieren sollte. Erst einmal aufstehen und zwei Schritte in das Gestell laufen, dann wollte sie hinter mir die Sitzfläche auflegen, damit ich mich hinsetzen und ausruhen konnte. Meine Mutter hatte mir für den Tag der Tage extra Turnschuhe in Größe 38 besorgt, was eine Nummer größer als normal entsprach. Meine Füße und Beine waren ja noch immer voll Wasser. Mir wurden die Schuhe angezogen und bei „drei" sollte ich aufstehen und wurde dabei wie gewohnt links und rechts gestützt. Ich stand auf und klammerte mich an das Gestell. Mein Körper war unendlich schwer. Ich lief zwei Schritte vorwärts in das Gestell hinein und setzte mich. Das war anstrengend. Mir war völlig schleierhaft wie ich je wieder laufen sollte. Aufstehen und Hineinsetzen hatte schon alle Kräfte von mir abverlangt. Ich wurde nun auf den Stationsflur geschoben und dann stand ich dort. Das vorbeilaufende Personal strahlte mich an und sie riefen Dinge, wie: „Los!" oder „Du schaffst es!" Mein Optimismus hielt sich leider in Grenzen. Ich stand erneut auf und begann loszulaufen. Ein Krankenhaushemd trug ich vorn, ein Hemd am Hinterteil (damit mein nackter Hintern nicht herausschaute). Ich trug obendrein Kompressionsstrümpfe und die Turnschuhe. Ich biss die Zähne zusammen und stand auf und lief los. Die Physiotherapeuten hielten mich an den Kompressionsstümpfen fest und stützten mich somit. Ich lief. Ich lief, ohne zu denken. Ich lief einfach los. Ich schaffte es bis zum ersten Feuerlöscher, ungefähr fünf Meter. Dann musste ich mich hinsetzen und wurde von den Mädels mit Freude und Lob überschüttet. Sie waren so lieb und freuten sich so für mich. Ich war auch froh, endlich an diesem Punkt angelangt zu sein. Dennoch war es sehr anstrengend. Jeder Schritt war eine unglaubliche Überwindung für mich. Ich lief die wenigen Schritte zurück ins Zimmer und die erste Übung war beendet. Ich war so erschöpft, dass ich sofort ins Bett wollte und mir sogleich die Augen zufielen.

Von jetzt an wurde jeden Tag das Laufen geübt. Regina kam herein und sagte meine Mutter würde im

Aufenthaltsraum auf den Einlass warten. „Lass uns hinlaufen und sie abholen, sie wird staunen", schlug Regina vor. „Bis zum Aufenthaltsraum sollte ich laufen?", dachte ich. „Oh je, das waren aber mehr als fünf Meter, vielleicht 20 Meter. Wie soll ich das nur schaffen?" Regina hatte meine Zweifel bemerkt und sagte: „Keine Sorge, dann schiebe ich dich bis dahin und wir laufen dann zurück." Und so machten wir es auch. Ich lief ein Stück, dann wurde ich bis zum Aufenthaltsraum geschoben und holte meine Mutter selbstständig zu Fuß ab. Sie staunte nicht schlecht und sagte, ich würde beim Laufen schon eine gute Figur machen. Es war so lieb von ihr. Ich fühlte mich eher wie ein Kind, was tapste und laufen lernte, nur ohne Windel…

Das Laufen klappte durch das tägliche Training immer besser. Am 17.03. lief ich schon 120 Meter. Natürlich mit Pausen, aber ich lief. Auch mit der Sprechkanüle schien es immer besser zu funktionieren und ich schaffte so langsam bereits mehrere Stunden ohne Beatmungsmaschine. Atemtherapeutin Heidi half mir währenddessen zusätzlich mit Ausflügen. Wenn ihre Zeit es erlaubte, packte sie mich in den Rollstuhl und schob mich über die Stationen oder über das Gelände. Ich war seit Monaten nicht mehr draußen gewesen und konnte plötzlich kalte Winterluft einatmen. Auf der Intensivstation konnte man nicht einmal ein Fenster öffnen. Es war schön draußen, es half mir und lenkte mich ab, aber es machte mich auch traurig. Ich sah Menschen, welche fröhlich die Wege entlangliefen, gar rannten oder Fahrrad fuhren. Wie gerne hätte ich mit ihnen getauscht, aber sie wohl nicht mit mir.

Irgendwann fragte mich Frank erneut, ob Mandy nicht zu Besuch kommen könnte. „Sie fragt so oft nach dir, sie möchte dich so gern sehen", sagte er. Ich überlegte kurz und sagte „okay". Er schrieb Mandy sofort eine Nachricht und sie freute sich riesig. Mir war der Gedanke noch immer unangenehm, dass sie mich wie ein Häufchen Elend sehen sollte, aber ich wollte sie nicht länger außen vor lassen und vermisste sie ebenso. Der Tag kam und ich freute mich auf Mandy und auf die Abwechslung. Auch Mandy musste sich, wie alle anderen die mein Zimmer betraten, komplett vermummen. Das bedeutete Kittel, Mundschutz, Handschuhe und Kopfhaube. Ich hatte sie so lange nicht gesehen. Sie sah so hübsch aus. Ihre Haare sahen so toll aus und ihre Hose passte optisch zur Tasche und zu ihren Schuhen. Ich beneidete sie. Ich vermisste es gut auszusehen, mir tolle Klamotten anzuziehen, schöne Schuhe und tolle Schminke. Wir hatten nicht viel miteinander zu reden. Ich hatte meinen Alltag, sie hatte ihren. Sie wollte mir nicht so viel von ihrer Arbeit oder ihrer kaputten Waschmaschine erzählen. Ich wollte ihr nicht so viel von Darmrohren und Atemübungen berichten, obwohl sie das Atemtraining miterlebte. Mandy machte mir Mut. Sie hielt meine Hand. Das war wieder so ein Moment, den ich noch nicht kannte. Wir sprachen nicht, sie hielt einfach meine Hand und signalisierte „ich bin da" und half mir allein durch diese Geste. Freundschaft und Liebe funktionieren auch ohne Worte, dass merkte ich in dieser Situation und ich fühlte mich besser. Sie kämmte mir meine mittlerweile langen Haare. Von den hohen Medikamentendosen hatte ich über die Wochen starken Haarwuchs bekommen, nicht nur auf dem Kopf. Ich hatte einen Damenbart und auch weitere Haare im Gesicht, was mich störte. Ich bat Mandy mich zu rasieren und sie tat es. Sie cremte mir auch die Hände ein. Die Besuchszeit verging viel zu schnell. Sie konnte nicht lange bleiben, weil sie einen kleinen Sohn hatte, der aus der Betreuung abgeholt werden musste. Ich war dankbar für ihren Besuch. Ich vermisste sie, ich vermisste unsere Freundschaft. Und ich wäre zu gern mitgegangen. Weg von hier. Ich wollte weglaufen vor meiner eigenen Geschichte. Durch ihren Besuch schöpfte ich neuen Mut.

Der März brachte noch mehr Erkenntnisse für mich. Seit der Lungentransplantation hing ich an der Dialyse. Nun wurde meine Dialyseeinheit umgestellt. Ich hing an einer blubbernden Maschine, welche an „R2D2" von Star Wars erinnerte. Doch lustig war das alles ganz und gar nicht. Das Wasser musste endlich aus meinem Körper gespült werden und meine Nieren entgifteten nicht mehr. Jeden Tag hing ich an dieser Maschine. Wurde ein verdammter Schlauch aus meinem Körper entfernt kam ein neuer hinzu, so kam es mir vor. Ich war weiterhin todunglücklich und befand mich bereits mitten in einer Depression. Meine Mutter versuchte mich zu trösten. „Mach' dir keine Gedanken, das kann sich alles wieder einpendeln mit den Nieren", sagte sie. Doch ich machte mir Gedanken, denn zum Nachdenken hatte ich viel Zeit.

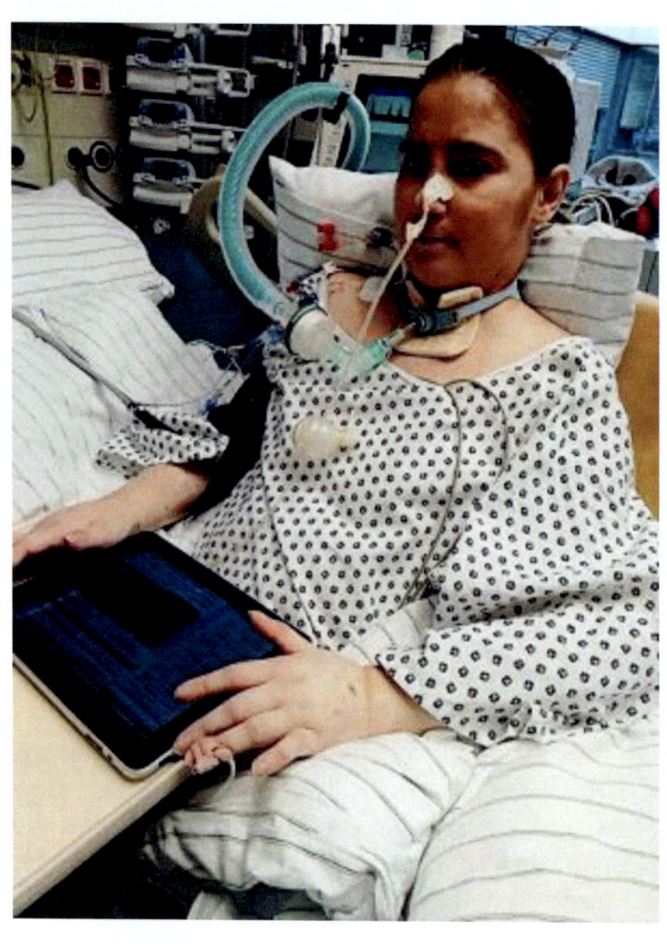

Ich, mit Beatmungsmaschine und iPad. Nach zwei Monaten „Pause" versuche ich wieder online zu gehen.

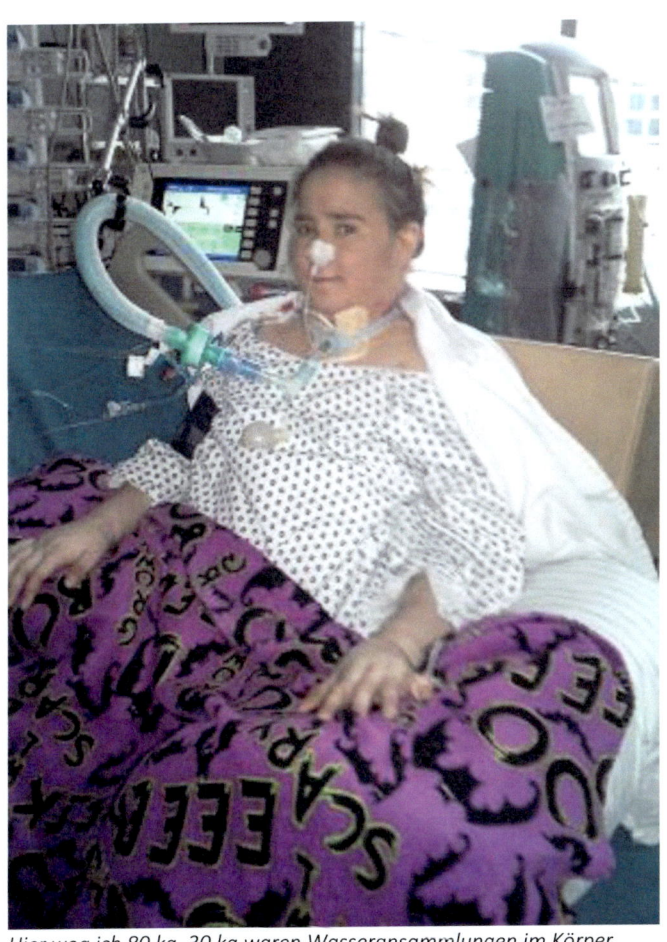
Hier wog ich 80 kg. 30 kg waren Wasseransammlungen im Körper.

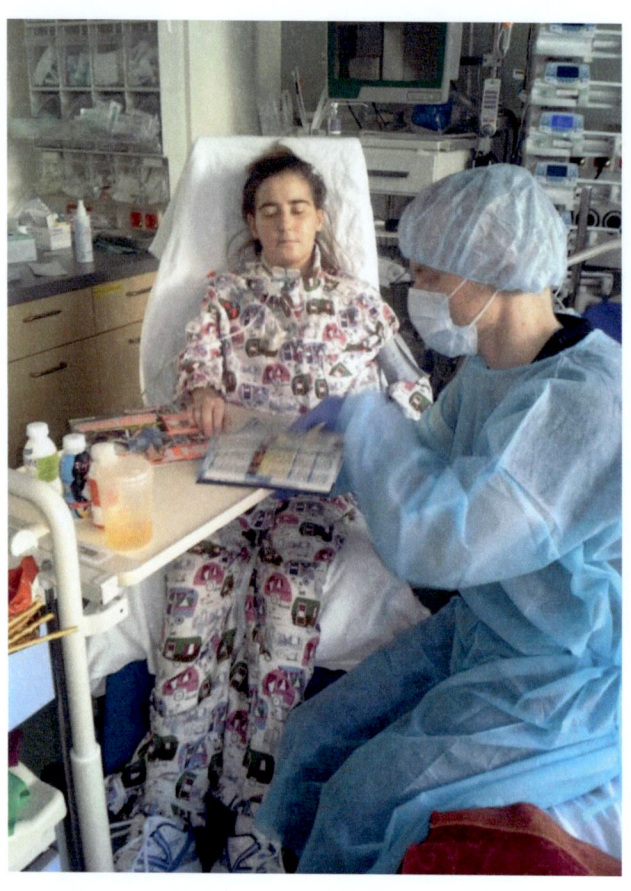

Mein Schatz Frank und ich. Meine Mutter zwang mich einen Schlafanzug anzuziehen.

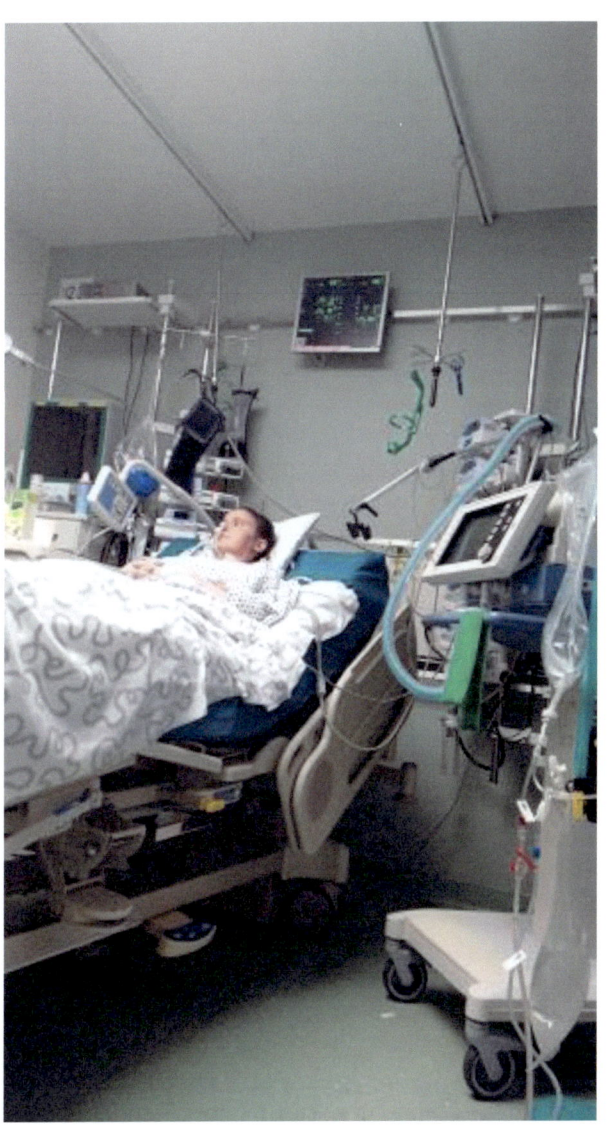
Mein Zuhause für viele Monate.

Kurz vor der Reha, nach 8 Monaten in d. Klinik.

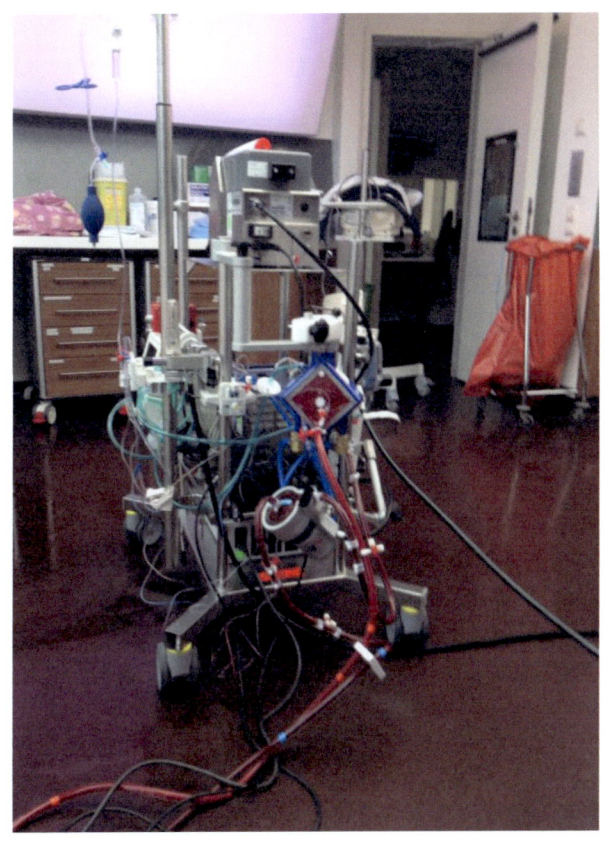

Diese Maschine rettete mein Leben bis zur Transplantation, die ECMO. Sie ersetzt die Aufgaben der Lunge.

April 2015
Intensivstation, Deutsches Herzzentrum

Nun wurde immer mehr Wasser aus meinem Körper entzogen und ich musste täglich gewogen werden. Dies passierte nicht auf einer normalen Sitzwaage, sondern in einem Netz. Ich wurde in eine Art Netz gelegt und fühlte mich schwer wie ein Wal. Dann wurde ich hochgezogen und gewogen. Als ich die Worte „80 kg" hörte, dachte ich zu sterben. Mein Normalgewicht lag früher bei 50 Kg. Ich war immer schlank und nun war ich voller Wasser und fett. Meine „Robotermaschine" reinigte nicht nur mein Blut, sondern zog auch das Wasser aus mir heraus und doch ging mir alles nicht schnell genug. Ich wollte alles auf einmal. Geduld hasste ich. Ich wollte meine normale Figur, mein normales Leben zurück, wollte endlich von der Beatmungsmaschine weg, wollte mich endlich nicht mehr krank und schwer fühlen. Das Weinen hatte mich zurück und die Traurigkeit. Meine Mutter konnte sich das nicht mehr mit angucken und schon bald stand die Psychosomatik in meiner Tür. Frau H. redete mit mir über meine Ängste und bot mir auch Medikamente an, damit ich nicht mehr so traurig wäre. Ich willigte ein. Ich wusste, ich war unerträglich für meine Familie geworden. Allein für meine Lieben musste ich kämpfen und alles versuchen wieder auf die Beine zu kommen. Psychisch und physisch. Ich bekam von nun an auch Psychopharmaka.

Auch mit dem Essen wurde es immer schwieriger. Ich hatte schon seit Monaten keinen Hunger und auch keinen Appetit mehr. Das heißt, selbst auf das Lieblingsessen hat man keine Lust. Essen wurde für mich zur weiteren Qual. Essen wurde den ganzen Tag serviert und es war ja auch wichtig für mich, um die Lunge zu halten bzw. um zu Kräften zu kommen. Dazu wurden mir so allerhand geschmacklose medizinische Fettschnäpse serviert, welche mich nach einiger Zeit zum Übergeben brachten oder Durchfall und Bauchschmerzen hervorriefen und die Magen-Darmprobleme gingen von vorn los. Der viele Durchfall machte mich wahnsinnig, denn dieser war schwer unter Kontrolle zu bringen. Einmal fuhr Heidi mich zum Röntgen. Da ich mittlerweile ein paar Sekunden stehen konnte, sollte ich auch stehend geröntgt werden und nicht wie bisher liegend im Bett. Ich stand also auf und stellte mich an die Platte. Wie immer war das Stehen sehr anstrengend, ich musste für die Aufnahmen ein paar Sekunden stehen. Mein Körper spannte sich so stark an, dass ich meinen Kot nicht mehr halten konnte und Durchfall auf den Boden der Röntgenabteilung spritzte. Ich wollte im Boden versinken, aber fand das Loch nicht. „Macht nichts, macht nichts", riefen die Leute der Röntgenabteilung, aber ich schämte mich in Grund und Boden. Überall war Kot, am Nachthemd und auch auf meinen Schuhen.

Um meinen Appetit anzuregen bekam ich THC-Tropfen. Es sollte quasi das ausgelöst werden, was nach dem Kiffen auftrat: Man bekommt Hunger und isst den Kühlschrank leer. Diese Tropfen sollten nun den „Kiffer-Hunger" in mir wecken. Leider funktionierte dies nicht. Ich wurde nicht hungrig. Mir kam es eher so vor, als wäre ich nach den Tropfen zugedröhnt. Manche fanden diese Aussage spaßig, vermutlich hätten sie selbst gern davon genascht. Ich fand das gar nicht lustig. Die Tropfen nahm ich ein paar Wochen, bis sie auf meine Bitte hin endlich abgesetzt wurden. Das ganze Essen hing mir buchstäblich zum Hals heraus und Dr. Tom drohte mir mit einer Sonde. Ich verzog heulend das Gesicht. Ich sehe es heute noch bildlich vor mir. Er sagte zu mir: „Sie brauchen gar nicht so bedröppelt gucken." Ich hatte anfangs eine Nasensonde, welche ich nun nicht mehr besaß. Eine Nasensonde ist etwas Furchtbares, diese brachte mich täglich zum Kotzen und ich konnte sie entfernen lassen. Und nun hatte ich wieder oder immer noch das Gewichtsproblem bzw. das Essensproblem. Was Dr. Tom sagte gefiel mir nicht, aber es brachte mich zum Nachdenken. Irgendetwas musste ich tun. Ich redete mit Frank und mit der Psychologin Frau W. darüber und beide stimmten zu, dass eine Sonde vielleicht gar nicht so schlecht wäre. Soweit war ich nun. Aber ich hatte Angst und musste etwas tun und ich wollte leben. Ich teilte den Ärzten meine Entscheidung mit und sie meldeten die OP dafür an. Als meine Mutter zu Besuch kam, schrieb ich ihr diese Entscheidung auf und sie reagierte entsetzt. Ich hätte mich auch mehr anstrengen können, war ihre Meinung. Ich strenge mich täglich an, aber es reichte einfach nicht.

Ein weiteres Problem stellte die Wundheilung dar. Meine Transplantationswunde verheilte schlecht und enthielt noch sogenanntes Altblut. Es wurde vorgeschlagen, dass man eine VAC-Anlage installiert. Dabei wird auf die blutende Wunde eine Art Schwamm mit Schlauch installiert. Dieser Schlauch geht in eine Pumpe. Die Pumpe saugt nun das austretende Blut nach und nach weg. Großes Kino! Diese Schwamminstallation kann schmerzhaft sein, man wird deshalb in Narkose gelegt. Eine erneute OP stand mir also bevor. Ich erwachte aus diesem Vergnügen genervt und mit Schmerzen. Die Pumpe sog zu stark, was mir ebenfalls Schmerzen verursachte. Dazu kam, dass man diese Schwämme alle 14 Tage wechseln musste, insgesamt zwei Mal. Das hieß noch mehr Operationen und noch mehr nüchterne Tage, was einfach nicht gut für mich war. Und wieder hatte ich zusätzlich zur PEG-Sonde einen neuen Schlauch am Körper.

Das Training an der Sprechkanüle wurde immer besser. Mittlerweile war ich schon täglich viele Stunden vom Beatmungsgerät ab. Atemtherapeut Torsten kam jeden Tag vorbei, gratulierte mir und erzählte wie wir nun weiter verfahren wollten. „Morgen früh versuchen wir die 24 Stunden!", sagte er. „Oha, okay", sagte ich. Ich hatte zwar wie immer Angst, aber ich wollte ja auch endlich weiterkommen. Der nächste Tag kam und ich wurde wie gewohnt von der Maschine abgemacht und absolvierte meinen Tag. Und ich schaffte es. Ich schaffte die 24 Stunden! Und es ging weiter. Frank und meine Mutter freuten sich und auch das Personal gratulierte mir. Ich freute mich auch. „Bloß von dieser Scheißbeatmung weg", dachte ich. „Dann kann ich bald verlegt werden. Dann kann ich bald hier raus."

Ein weiteres Problem von mir waren die Schlafstörungen. Diese hatte ich von Anfang an. Die ersten Nächte auf der Intensivstation hatte ich überhaupt nicht geschlafen. Ich weiß das genau, da ich in den ersten Wochen ein kleines Radio nutzte, wo jede Stunde Nachrichten angesagt wurden. „Guten Morgen, es ist drei Uhr, hier die Nachrichten." Meine Kopfhörer hatte mir Frank am Abend vorher in die Ohren gesteckt, weil ich mich ja nicht bewegen, meine Arme nicht zum Kopf führen konnte. Umso verzweifelter war ich, wenn mir die Stöpsel-Kopfhörer nachts aus den Ohren fielen. Ich konnte sie selbst nicht wieder hineinstecken und den Pflegern mein Problem auch nicht mitteilen. Jemanden der nicht sprechen kann, sollte man nur geschlossene Fragen stellen. Also Fragen, welche der Patient mit „Ja" oder „Nein", also nicken oder Kopfschütteln beantworten konnte. Da kamen aber merkwürdigerweise die wenigsten darauf. Irgendwann war ich es leid und ignorierte die Fragerei. Ein weiteres Phänomen war, dass man oft ganz laut angesprochen wurde, als wäre man schwerhörig. „WIE GEHT ES IHNEN DENN HEUTE?", wurde mir fast ins Gesicht gebrüllt. „Hallo? Ich habe eine Kanüle im Hals, ich kann nicht sprechen, aber ich bin doch nicht taub!", dachte ich. Was sollte das?

Mittlerweile war April, ich konnte zwar irgendwann schlafen, aber es wurde später und später. Da ich nun über 24 Stunden von der Beatmungsmaschine ab war, fiel mir das Einschlafen schwer. Vorher wurde ich abends wieder an die Maschine angeschlossen und konnte „entspannt" in den Schlaf atmen bzw. „mich atmen lassen". Nun sollte ich ohne Beatmung einschlafen und stattdessen lag ich wach. Mein Geist wollte einfach nicht zur Ruhe kommen. Ich schloss die Augen und irgendwie wurde ich immer unruhiger und musste die Augen wieder öffnen. Vielleicht war es der Sicherheitsverlust, ich weiß es nicht. Umso häufiger ich auf die Uhr sah, desto mehr Panik überkam mich. Ich wusste, ich musste eine gewisse Stundenanzahl geschlafen haben für meine Gesundheit und damit ich am nächsten Morgen Kraft hatte für meine vielen Trainingseinheiten. Ich war verzweifelt. Ich fragte, ob ich etwas zum Einschlafen bekommen könnte. Die erste schlaflose Nacht versuchte ich es mit Baldrian, was leider gar nichts brachte. Ich war unglücklich. Nachdem ich mich müde durch den Tag geschleppt hatte, fragte ich erneut nach. „Hier ist T., davon kannst du schlafen", versicherte mir mein Nachdienstpfleger. Das Medikament sagte mir etwas. Ich war mir unsicher, hatte kein gutes Gefühl dabei, vertraute aber darauf und schluckte es. Ein Fehler.

Als ich erwachte hing ich an der Beatmungsmaschine. Ich war entsetzt. Ich war panisch. Was machte ich an der Beatmung? Ich war mittlerweile schon fast fünf Tage von der Maschine ab gewesen. Die Krankenschwester sah, dass ich wach war und schaute mich an. „Was ist passiert?", versuchte ich mit stummen Lippen zu fragen. „Du hast den ganzen Tag geschlafen. Die Tablette hat deine Atmung beeinträchtigt." „Oh, mein Gott. Ich habe den ganzen nächsten Tag verschlafen!", dachte ich. „Wo ist Frank, wo war meine Mutter? Ich will nicht mehr, ich habe Angst", dachte ich und geriet in Panik, aber niemand konnte mir helfen. Die Schlaftablette hatte mich so tief eingeschläfert, dass es gefährlich für meine Lunge wurde. Wenige Stunden später schlief ich erschöpft an der Beatmungsmaschine ein.

Am nächsten Morgen sollte ich zur Sicherheit bronchoskopiert werden. Das passierte seit der Transplantation sowieso sehr häufig. Bei der Bronchoskopie wird ein Schlauch mit Kamera in die Lunge eingeführt und man kann die Bronchen damit ansehen. Dafür wird man in Kurznarkose versetzt. Theoretisch kann man dabei auch wach sein. Ich hatte dies sogar zweimal ohne Narkose erlebt, dass musste ich aber nicht noch einmal erleben. Ich wurde in den Schlaf versetzt. Als ich irgendwann wach wurde war Frank da. „Bist du jetzt wach?", fragte er besorgt. Ich nickte schwach. Gleichzeitig waren meine Augenlider so schwer. „Hey, bleib wach!", rief Frank. Und doch konnte ich ihm diesen Gefallen nicht tun. „Ich kann sonst auch nach Hause gehen!", hörte ich ihn wütend sagen. Es tat mir so leid. Er tat mir so leid. Aber ich schlief sofort wieder ein. Als ich irgendwann erwachte, war ich allein und hing immer noch an der Beatmungsmaschine. Mir wurde erzählt, dass Frank bis in den Abend an meinem Bett saß. Ich hatte dies nicht mitbekommen, ich dachte er sei mittags gegangen. Die ganze Situation war so furchtbar für mich. Ich hatte zwei Tage verschlafen und hing erneut an der verfluchten Beatmungsmaschine.

Am nächsten Tag wurde ich von der Beatmung befreit und meine Mutter fuhr mich im Rollstuhl den Krankenhausflur entlang. Wir durften nur in medizinischer Begleitung, also mit Krankenschwester, richtig raus und leider gab es dafür selten Kapazitäten. Wir hatten uns mittlerweile erkämpft vor der Intensivstation auf dem Krankenhausflur (mit Notfallnummer) herumlaufen zu dürfen. So konnte ich mal aus den Fenstern sehen und auch die Fenster öffnen. Jedes Mal beobachtete ich den großen Kastanienbaum, welcher direkt an einem der Fenster stand. Die Jahreszeit konnte ich an ihm ablesen und fragte mich, wann ich endlich hier rauskommen würde. An diesem Tag stimmte plötzlich etwas nicht, ich fühlte mich noch schwächer als sonst und sagte meiner Mutter, dass ich zurück ins Bett wollte. Komischerweise meckerte sie mich nicht an. Sie schob mich zurück und ich bat den Pfleger mal meinen CO_2-Wert zu messen. Er nahm Blut ab und verschwand. „Er wird dich gleich wieder an die Maschine nehmen", sagte meine Mutter zu mir. „Warum?", hauchte ich. „Weil er das Blutergebnis gerade dem Arzt gezeigt hat", antwortete sie. Und so war es auch. Mein Pfleger kam zurück und sagte, ich müsste sofort wieder an die Maschine. Mein Wert war viel zu hoch. Zack, hing ich erneut an der Beatmungsmaschine und fand mich im Bett wieder. Ich war so verzweifelt. Da hatte ich es geschafft von dieser Maschine stundenlang, gar tagelang wegzukommen und seit knapp drei Tagen hing ich nun wieder fast ununterbrochen daran. Es war zum Heulen. Dieses Drei-Tage-Desaster fiel auf die Ostertage und alles schien rückläufig zu sein. Der CO_2-Wert war zu hoch, ich war wieder an der Beatmungsmaschine. Wer an der Maschine hing, konnte nur schwer mobilisiert werden, geschweige denn Laufübungen machen. Ich wusste nicht, wie es weiter gehen sollte.

Der Körper gewöhnt sich leider an die Beatmungsmaschine. Es gibt Menschen, meist alte Leute, welche nie von der Maschine entwöhnt werden können bzw. es nicht schaffen. Diese kommen dann in ein Beatmungsheim oder müssen Zuhause weiter beatmet werden. Ich glaube niemand kann nur ansatzweise nachempfinden, wie es an der Beatmungsmaschine ist bzw. wie fürchterlich schwer es ist, sich davon wieder zu entwöhnen. Für mich war es die Hölle. Ich musste und wollte von der Maschine loskommen. Ich wollte nach Hause, ich wollte endlich wieder leben! Ich musste es schaffen. Aber ich hatte auch Angst, dass die Lunge es nicht schafft. Ständig stieg der CO_2-Wert an. Wann würde dies aufhören? Ich war so verzweifelt wie niemals zuvor in meinem Leben. Ich weinte immer noch viel. Ich weinte wieder morgens und abends, eigentlich immer. Ich war nur noch ein Häufchen Elend, verheult und verzweifelt. Im Internet las ich, dass man ca. drei Wochen nach der Transplantation verlegt werden würde. Bei mir waren mittlerweile drei Monate vergangen. Ich war transplantiert und kämpfte noch immer um mein Leben.

Aufgrund der Vorkommnisse musste ich mit der Entwöhnung wieder von vorn beginnen. Und die alten Probleme tauchten wieder auf. Wenn ich von der Maschine getrennt und die Sprechkanüle aufgesetzt wurde, hatte ich wieder, ich nenne es mal, Entzugserscheinungen. Ich fing an zu schwitzen, hatte das Gefühl keine Luft zu bekommen, fühlte mich unruhig, extrem gestresst und hatte obendrein das Gefühl als würde mein Kopf platzen. Ich heulte wieder pausenlos, auch wenn ich von der Maschine abkam. Das klingt paradox. Ich wollte doch von der Beatmungsmaschine endlich loskommen! Und doch machte mich alles fertig, die Panik stieg mir zu Kopf und ich heulte. Ich wollte ab und doch wollte ich an der Beatmungsmaschine bleiben. Es war ein Teufelskreis. Frank litt fürchterlich unter dieser ganzen Situation, was mir auch unglaublich leidtat und zu schaffen machte. Keiner konnte mir helfen, ich musste es allein auskämpfen. Ich fand einfach keinen Ausweg aus dieser Abwärtsspirale.

Stück für Stück gab es bald darauf neues „Konzept" für mich. Eine Stunde sollte ich z.B. an der Beatmungsmaschine verweilen, dann sollte ich für drei Stunden von der Maschine getrennt werden. Alles wurde langsam in Angriff genommen. Man musste aufgrund des steigenden CO_2-Wertes vorsichtig sein. Ich quälte mich weiterhin durch den Tag. Mir blieb nichts anderes übrig als es auszuhalten. Meine Familie hatte mir ebenso eine heftige Ansage gemacht, dass ich ernsthaft Angst hatte irgendwann gar keinen Besuch mehr von ihnen zu bekommen. Ich musste etwas tun, ich musste etwas ändern. Aber wie? Ich musste mich quasi selbst an den Haaren packen und aus dem Dilemma ziehen, wie es mein Atemtherapeut Torsten so gern erzählte. Ich musste nicht 100%, ich musste

1000% geben, damit ich endlich Licht am Horizont sehen würde. Aber wie? Wie macht man weiter? Wie gibt man mehr, wenn alle Kraft bereits investiert ist?

Auf der Intensivstation hatte man viel Zeit zum Nachdenken. Ich musste mir selbst ein Versprechen geben, dass ich hier rauskommen würde! Ich hasste diesen Ort, ich wollte gesund werden. Ich wollte in mein Leben zurück, ich wollte leben. Und ich brauchte einen Plan. Ich musste gezielt an mir arbeiten und ich musste vor allem das Licht in meinem Kopf wieder einschalten.

Erst einmal nahm ich mir vor nur noch zu heulen, wenn kein Personal im Zimmer war. Was nicht so einfach war, denn man war auf der Intensivstation selten allein. Man ist oft einsam, aber nie wirklich allein. Ich nahm mir also vor: „Heul nicht so viel!" Des Weiteren begann ich damit mein Heimweh herunterzuschlucken. Es brachte nichts deswegen zu heulen oder darüber mein Herz schwer werden zu lassen. Eine weitere große Herausforderung stellte meine Angst dar. Meine Angst musste ich in den Griff kriegen. Ich hatte bisher immer Angst. Angst vor dem nächsten Tag, der nächsten Woche, der nächsten Übung. Die Angst war allgegenwärtig. Nun sagte ich mir: „Heute konzentrierst du dich nur auf den heutigen Tag und absolvierst ihn so gut es möglich ist. Was morgen ist, darum kümmerst du dich erst morgen." Was in der Theorie leicht klang, war in der Praxis der schwerste Kampf meines Lebens.

Ich musste wieder richtig schlafen können und zwar ohne Schlafmittel. Nach vielen schlaflosen Nächten gab es eine neue Idee. Meine Antidepressiva wurden umgestellt, denn eine Tablette hatte eine gewollte Nebenwirkung: Müdigkeit. Diese Tablette sollte ich nun jeden Abend um 21 Uhr schlucken, damit ich von dieser gleich einschlafen konnte. Es funktionierte! Ohne andere Nebenwirkungen und ohne Albträume. Zu dieser Zeit brachte meine Mutter mir Schlafanzüge mit, damit ich mal etwas anderes anzog als Krankenhaushemden. Ich fand das an- und ausziehen sehr anstrengend und verstand den Sinn darin nicht wirklich. Für mich bedeutete das nur zusätzlichen Stress, mich jedes Mal nach den täglichen Darmproblemen wieder umziehen zu müssen. Aber meine Mutter bestand darauf und ich war zu erschöpft, um zu widersprechen. Seit Monaten befand ich mich am Limit und es war einfacher andere über mich bestimmen zu lassen. Zeitgleich wollte mir meine Mutter etwas Gutes tun und hatte damit begonnen mich an der Waschschüssel zu waschen. Sie konnte diese Desinfektionstücher nicht leiden und war außerdem der Meinung, dass ich stinken würde. Ich roch in der Tat seltsam nach Tier, was mir selbst auch auffiel. Mein Lebensgefährte hatte mich übrigens nie gewaschen oder auf den Nachttopf gesetzt. Meine Mutter hatte das übernommen und natürlich die Pfleger. Wir wollten uns beide noch als Mann und Frau begegnen. Frank hatte viele andere Dinge übernommen.

Meine Fingernägel waren ein Phänomen geworden. Vor meiner Transplantation hatte ich immer schlechte

Nägel. Nun waren meine Nägel fest, die Haut gesünder. Kurz nach der Transplantation schaute ich meine Hände an und empfand sie als fremd. Frank wurde mein Masseur und massierte mir jeden Tag die Füße. Das tat gut, weil meine Füße stark beansprucht waren und es half auch, dass Wasser aus den Gefäßen zu kneten.

Da meine Stimme extrem leise und kraftlos war, sollte ich mehr an der Sprechkanüle sprechen. Es mag seltsam klingen, aber man gewöhnt sich das Sprechen auch ab. Monatelang hing ich dauerhaft an der Beatmungsmaschine und konnte somit nicht sprechen, nur denken. Man resignierte innerlich. Dazu kam, dass ich auch nichts Interessantes zu erzählen hatte. Und jammern verkniff ich mir. „Sing doch mal ein Lied!", schlug meine Mutter vor. Ich legte also los...

„Alle. Meine. Entchen. Schwimmen. Auf. Dem. See. Köpfchen. In. Das. Wasser. Schwänzchen. In. Die. Höh."

Ich machte viele Atempausen. „Klingt doch super wie gerappt", sagte meine Mutter.

Ich heulte seltener, meist nur noch abends, wenn ich mit meiner Mutter allein war. Sie saß an meinem Bett und hielt meine Hand und sprach mir Mut zu. Nur selten sah ich sie weinen. „Alles womit du dich heute quälst hilft dir morgen", war ein häufiger Spruch von ihr. Meine Mutter sprach mir oft Mut zu und sagte Dinge, wie: „In einer Woche kannst du die Tasse wieder allein halten", oder „in 14 Tagen kannst du wieder allein essen und musst nicht mehr gefüttert werden." Sie behielt Recht. Mittlerweile verlor ich endlich das Wasser in meinem Körper und mein echtes Gewicht trat hervor. Ich hatte sehr viel Gewicht verloren und wog nun nur noch 40 kg. Immerhin war ich nun beweglicher und konnte endlich wieder die Hand zum Mund führen und meine Tasse halten! Ein Glücksgefühl! Ich musste nicht mehr gefüttert werden!

Die Beatmungsübungen gingen weiter. Morgens ab, mittags war ich eine Stunde wieder an der Maschine, dann wieder ab und abends, zur Nacht, wieder angeschlossen. Es funktionierte! Ich versuchte alle Fortschritte aufzusaugen und mir gut zuzureden. Gedanklich sprach ich zu mir selbst: „Alles okay, Anika, schau auf deine Sättigung, die ist 100%, alles ist in Ordnung, wäre es nicht der Fall, würde dich keiner hier ersticken lassen, sofort wäre jemand da etc."

Ging es mir besser und wenn auch nur minimal, ging es auch Frank besser. Er litt alle Monate mit mir und auch allein. Jeden Tag war er an meiner Seite. Eines Abends bevor er ging spielte er mir noch ein Lied vor, welches er gut fand und ich mir unbedingt anhören sollte. Es war von Udo Jürgens und ging so: „Heute beginnt der Rest deines Lebens, jetzt oder nie und nicht irgendwann. Schau auf dein Ziel, kein Traum ist vergebens, heut fängt die Zukunft an..." Ich hörte dieses Lied noch sehr viele Male. An diesem Abend hielten wir uns an den Händen und weinten, nur dieses Mal vor Glück.

Mai, Juni 2015
Intensivstation, Deutsches Herzzentrum

Am 18.03. stieg ich das erste Mal auf die Treppe. Es war so schwierig wie das anfängliche Laufen. Viele Leute kamen mir auf der Treppe entgegen und ich betrachtete sie neidvoll. Wie sie völlig in Gedanken verloren, auf ihr Smartphone tippend, quasi blind, hoch oder runter liefen. Ich dagegen wurde links und rechts gestützt und stieg Stück für Stück die Treppe hinauf. Es kam mir vor wie den Mount Everest zu besteigen. Den Gipfel erreichte ich nach 12 Stufen und durfte mich auf einem zuvor platzierten Stuhl ausruhen. Frank war dabei und machte von mir ein Foto.

Da ich nun öfter meine eigene Kleidung trug, überlegte ich mein Äußeres zu verändern. Ich hatte durch die Immunsuppression starken Haarwuchs bekommen, ebenso am Kopf. Meine Haare waren ziemlich lang geworden. Leider waren sie durch das über dreimonatige Liegen völlig kaputt. Die Haare mussten ab. „Bist du verrückt? Du willst dir wirklich die Haare abschneiden?", fragte „Physio" Hanna. Aber ich wollte und es wurde ein Termin mit dem Frisör gemacht. Meine Haare wurden richtig kurz. So kurz hatte ich sie noch nie in meinem Leben. Und ich habe mir durchaus die Haare schon öfter mal kürzer schneiden lassen. Ich wollte meine Haare immer mal richtig kurz schneiden lassen, einen sogenannten Pixie-Cut. Ich hatte aber immer ein bisschen die Hosen voll. Die Zeit war nun reif. „Ich habe eine große Lungentransplantation überstanden, ich habe vor nichts mehr Angst", war meine mutige Argumentation. Die kurzen Haare waren auch pflegeleichter auf der Intensivstation. Selbst Dr. Tom bemerkte meine ganzen Veränderungen. „Ich glaube, Sie haben den Schalter im Kopf umgelegt, sehr schön", lobte er mich. Aber er sagte auch: „Wir müssen aufpassen. Diese Frau zieht die Komplikationen an wie ein Magnet!"

Meine Fußschmerzen meldeten sich zurück, nachdem ich sie schon fast vergessen hatte, da ich tagelang nicht mehr von ihnen geplagt wurde. Sie meldeten sich ziemlich stark zurück, sodass ich am Abend heulend im Bett lag. Vor Schmerzen konnte ich nicht schlafen. Sie brannten wie Feuer. Leider konnte man nicht viel für mich tun. Ich bekam Ibuprofen und eine Anti-Schmerzsalbe. Die Schmerzen waren so heftig und dauerten Stunden. Dann waren sie wie ausgeknipst und kamen nur Stunden später stärker zurück. So langsam fragte ich mich, womit ich das verdient hatte.

Die Tage auf der Intensivstation schienen kein Ende zu nehmen. Jeder Tag war gleich. Hatte ich mich an einen Pfleger gewöhnt, war es schon wieder Zeit für einen Wechsel. Dies ist für das Personal sicherlich abwechslungsreich und sinnvoll, ich empfand dies belastend. Man hatte sich gut miteinander eingespielt und hatte vielleicht eine nette liebevolle Person, die einen pflegte und nun kam jemand anderes. Nicht immer waren alle Leute sympathisch. Ich hatte einen Pfleger, der mir anfangs an den Kopf warf, wenn ich nicht essen würde, hätte die Lunge auch jemand anderes bekommen können. Dies bedeutete erst einmal Stress, später entschuldigte sich der Pfleger bei mir. Aber die Verletzung saß tief.

Ich hatte eine Zeitlang einen bärtigen Pfleger, welcher militärisch wirkte, was mir auch nicht sonderlich gefiel. Sicherlich machte er seine Pflege gut, aber er hörte sich selbst gern reden, hatte zu allem eine Meinung und wusste alles besser. Um 7 Uhr morgens wusch er mir die Haare mit kaltem Wasser, weil er das so für richtig erachtete. Er wollte mich nach dem Waschen nicht gleich in den medizinischen Stuhl setzen, sondern wartete lieber darauf, dass die „Physios" das taten. Ich wollte aber so früh wie möglich in den Stuhl und nicht mehr liegen! Die „Physios" kamen oft erst um ca. 11 Uhr. Solange musste ich manchmal warten. Solange lag ich wie ein Käfer auf dem Rücken und konnte nichts tun. Nachttopf und Bettenmachen liefen bei ihm auch militärisch ab. Zack, zack, nach links gedreht, zack zack nach rechts gedreht. Mich stresste der Typ unnötig. Ich hatte lieber Frauen in der Pflege, die kleine Kinder zu Hause hatten, die waren oft die einfühlsamsten und machten es gut.

Aber mein „Militärpfleger" überraschte mich auch positiv. Eines Tages fragte er mich, ob ich mit meinem Zimmer zufrieden sei. Ich fand die Frage seltsam. Na ja, im Hotel ist es schöner! Mein Zimmer war das zentralste, direkt am Personaltresen. Ständig ging die Tür auf, weil jemand etwas wollte oder etwas oder jemanden suchte. „Du hast doch hier überhaupt keine Ruhe, geschweige denn Privatsphäre. Wie wäre es, wenn du das Zimmer wechselst? Hinten in der Ecke wäre eines frei, da hättest du dann auch mehr Ruhe. Ich kümmere mich mal darum", schlug er freundlich vor. „Ja, ja, mach mal", dachte ich. Ich hatte ehrlich gesagt nicht damit gerechnet, dass etwas passierte. Und doch, am nächsten Tag zog ich in ein ruhigeres, abgeschiedenes Zimmer ein. Mehr Privatsphäre war natürlich relativ, aber es war auf jeden Fall besser. Plötzlich hatte ich sogar eine echte Aussicht! Es gab einen Baum vor meinem Fenster.

Mittlerweile war ich viel besser beweglich und konnte mich sogar allein im Bett aufrichten und zwei Schritte zum Stuhl bewältigen. Welch ein Luxus! Jetzt ließ ich mir von Frank auch andere Kleidung mitbringen und zog mich nun jeden Morgen selbstständig an und abends aus. Wie ein normaler Mensch. Und ein wenig erkannte ich mein altes „ich" im Spiegel wieder. Es ging mir auch körperlich besser. Mein Körper war nun nicht mehr unbeweglich und schwer wie Blei. Es schien wirklich voran zu gehen. Ich ging nicht mehr auf den Nachttopf, sondern ließ mir einen Toilettenstuhl bringen. Mein Geschäft konnte ich nun im Sitzen erledigen wie ein normaler Mensch.

Mit dem Beatmungskonzept funktionierte es immer besser. Der liebe Atemtherapeut Torsten kam jeden Tag vorbei und erklärte mir den Plan für die nächsten Tage, somit wusste ich immer woran ich war. Dafür war ich sehr dankbar. Langsam bekam ich Probleme, nicht ohne sondern mit der Maschine! Mein Körper hatte es geschafft sich von der Maschine zu entwöhnen. Nun sollte ich allerdings noch nachts „prophylaktisch" an der Beatmungsmaschine hängen. Das gefiel mir gar nicht. Jetzt bekam ich ein seltsames Gefühl, wenn ich an die Maschine geschlossen wurde... Es atmete sich einfach ganz anders. Ebenso war es komisch am nächsten Morgen wieder abgeschlossen zu werden. Diese ständige Umstellung war unangenehm, mein Körper und mein Kopf wurden irre, aber so war halt der Plan. Ein weiteres Problem kam auf. Mein Tracheostoma verklebte nun innerlich öfter mit trocknem Schleim. Das merkte man leider erst, wenn man an die Beatmungsmaschine geschlossen wurde. Plötzlich konnte ich nicht atmen, obwohl ich an der Beatmungsmaschine hing! Meine Sättigung fiel, Erstickungspanik stieg in meinem Kopf auf! Ich versuchte den Pfleger mit Händen und Füßen dies mitzuteilen und wurde abgesaugt. Das half. Nun ließ ich mich vorher immer absaugen und diese Ereignisse wurden seltener. Aber eines wurde klar, ich musste endlich von der Scheißbeatmung weg!

Wir durften nun ohne Personal vor die Tür. Das war eine Ausnahme. Es war ein Meilenstein für uns. Denn immer nur im Zimmer zu hocken bzw. auf dem Klinikflur am Fenster zu sitzen, reichte einfach nicht. Jetzt konnte mich Frank im medizinischen Mobistuhl durch die Frühlingssonne schieben. Das Klinikgelände war sehr groß, sodass es viel zu entdecken gab. Und alles war besser als im Zimmer zu bleiben. Ich war nun jeden Tag draußen, egal ob mit Frank, meiner Mutter oder mit Mandy. So ging es meiner Psyche auch Stück für Stück besser. So langsam hatte ich die Zuversicht, dass alles gut werden würde. Nur abends, wenn ich allein war kamen mir viele Gedanken. „Schaffe ich alles? Wann werde ich verlegt?" Ich vermisste mein Leben und das Leben mit Frank. Ich dachte oft an unsere vielen gemeinsamen USA-Urlaube und betete, dass sich alles wieder zum Guten wenden würde. Ebenso betete ich für meinen Spender und auch für deren Angehörige.

Der Juni brachte leider auch neue Diagnosen. Durch die Transplantation, begünstigt durch meine Mukoviszidoseerkrankung, entwickelte sich Diabetes. Dieser war nicht mit Diabetes Typ 1 oder 2 vergleichbar, er stellte quasi eine Sonderform dar. Ich bekam täglich Heparinspritzen und nun zusätzlich noch Insulin. Meine Blutzuckerwerte waren vor der Transplantation stabil und nicht behandlungsnötig. Jetzt schon wie so vieles. Mich kotzte das alles an. Ich wollte keine neuen Diagnosen. Ich wollte nicht noch mehr Baustellen!

Die Probleme mit mir und der Beatmungsmaschine schienen endlich vorüber zu sein. Tagsüber war ich nun von der Maschine getrennt. Morgens und abends sollte ich für ein bis drei Stunden an die Maschine gehen, aber ansonsten nicht mehr. Und es klappte! Der CO_2-Wert verhielt sich normal. Mein neues Zimmer war viel geräumiger und besser als das Alte und ich konnte mich wieder bewegen. Heidi besorgte mir einen mobilen Ständer für meine PEG-Sonde. Heidi war über Wochen und Monate mein Sprachrohr zu den Ärzten. Sie setzte sich stets für mich ein. Jetzt war ich nicht mehr an den Stuhl gefesselt, sondern konnte mit dem Ständer durch das Zimmer (ganz vorsichtig) laufen. Wow, war das toll! Ich hatte in meinem neuen Zimmer sogar ein Waschbecken. Jetzt konnte ich ganz langsam dorthin laufen und mich selbst mit Wasser waschen und auch die Zähne putzen. Irre! Solche banalen Dinge wieder selbstständig erledigen zu können machten mich glücklich und ich schöpfte neue Kraft und neuen Mut. Ich heulte jetzt kaum noch und absolvierte tapfer jeden Tag mein Programm und bekam von überall Komplimente. Jeder bemerkte, dass aus der kleinen depressiven Frau nun ein neuer Schmetterling schlüpfte. Meine Mutter besorgte nun öfters Pizza und ich konnte endlich wieder andere Dinge essen, nicht nur Klinikessen und Sondennahrung. Mein Essverhalten machte weiterhin Probleme, aber ganz langsam kam mein Appetit zurück. Ich erinnere mich, dass ich Pizza und Königsberger Klopse essen konnte, verrückt.

Nun lief ich auch nicht mehr am Gehwagen, sondern am Rollator, ein richtiger „Oma Rollator"! Das war anders anstrengend, aber toll! Ich konnte immer besser laufen. Wie oft hatte ich heulend im Bett gelegen, weil ich unbeweglich war und Angst hatte nie mehr wieder laufen zu können. Laufen zu können ist toll! Hanna lief sogar mit mir und dem Rollator draußen im Klinikgarten umher. Das war sehr schwer, ganz anders als im Haus auf dem glatten Fußboden. Es war sehr anstrengend, aber ich sagte mir nun gedanklich jeden Tag den Mutmachspruch meiner Mutter: „Womit du dich heute quälst, hilft dir Morgen." So war es. Dieser Satz wurde zu meinem täglichen Gemurmel.

Am 06.06. war der Tag der Organspende. Da ich seit Monaten über meine Fortschritte in den sozialen Medien berichtete, schrieb ich an diesem Tag:

„Tag der #Organspende? Ich kann nur sagen DANKE an meinen Spender. Danke, dass ich weiterleben darf! Ein Hoch auf uns!"

Am 16.06. erfolgte ein neuer Meilenstein. Ich lief ganz allein unter Aufsicht, aber ohne Hilfsmittel. Ich war noch etwas wackelig und die Kurven waren noch ein wenig scharf, aber ich lief! Ohne Gehwagen und nun auch ohne Rollator! Für draußen hatten wir jetzt nur noch einen ganz normalen Rollstuhl, weil ich längere Strecken noch nicht gehen konnte. Draußen auf dem Klinikgelände konnte man nun täglich die Streiks der Charité beobachten. Es gab also viel Neues zu sehen. Ich war weiterhin täglich draußen. Wann immer ich konnte, wann immer ich durfte, verließ ich das Zimmer. Zu Frank sagte ich: „Ich hoffe, ich kann bald verlegt werden. Ich möchte so gern an deinem Geburtstag schon verlegt sein, weg von der Intensivstation."

Und es passierte noch etwas Seltsames mit mir. Jetzt wo es mir besser ging, erzählte ich Frank wieder mehr. Ich redete über meine Ängste, Gedanken und Gefühle, die vor Monaten in meinem Kopf entstanden und ich ihm damals (unter der Beatmung und der körperlichen Schwäche) nicht mitteilen konnte. „Weißt du noch vor zwei Monaten, dann und da, da wollte ich dir sagen, dass...", begann ich meine Sätze. Es war als hätte ich sprachlich vieles nachzuholen.

Die Beatmungssituation flutschte und alle waren mit mir zufrieden und ich mit mir auch. Torsten erzählte mir, dass am Montag (29.06.) der Tag der Tage sein wird. Es sollte meine Tracheostomakanüle gezogen werden! Was habe ich auf diesen Tag gewartet. Endlich, endlich konnte die Scheißkanüle raus! Endlich hatte es meine Lunge geschafft, endlich hatte ich es geschafft! Torsten erzählte mir, dass ich nach der Entfernung der Kanüle aber noch nicht ganz frei sein würde. Zur Sicherheit müsste ich morgens und abends für ein bis drei Stunden mit der NIV-Maske beatmet werden. Diese Maske wird einem über die Nase geschnallt und man wird beatmet. Ich hatte ein bisschen Schiss vor dieser Maske, ich kannte das Teil von meiner Zeit vor der Transplantation. Die Zeit, wo ich fast täglich erstickte. Aber ich ließ den negativen Gedanken nicht viel Spielraum. Ich sprach wieder zu mir selbst:

„Anika, damals war eine andere Zeit. Das war die alte Lunge, die kranke Lunge. Du hast jetzt eine neue Lunge. Es ist anders, alles wird funktionieren."

Der Montag kam. Frank war so lieb und hatte sich frei genommen zum Händchenhalten. Denn obwohl ich froh und munter war, ging mir schon wie immer ein wenig die Muffe. Die Tür ging auf und Atemtherapeut Torsten kam grinsend herein, streckte den Arm zum

Himmel als hätte seine Lieblingsmannschaft gewonnen und sang oder sollte ich besser sagen grölte:

„Finaaaaaaaalllle, ooh-hoo-hoooooo."

Ich grinste und dachte: „Der spinnt doch!" Mein zuständiger Pfleger kam auch herein und sogar Dr. Tom war mittendrin. Torsten zählte bis drei und zog die Kanüle aus dem Hals und klebte ein Pflaster auf das zurückgebliebene Loch. Es ging ganz schnell und war eigentlich unspektakulär. Aber für mich und Frank bedeutete es die Welt. Es bedeutete, dass ich nun endlich verlegt werden konnte. Es bedeutete Fortschritt, es bedeutete bald wieder zusammen zu Hause zu sein. Es bedeutete alles für uns. Leider war meine Stimme weiterhin nicht normal bzw. stark. Sie klang eher leise und heiser. „Egal", dachte ich, „Hauptsache die Kanüle ist raus, alles andere wird schon noch werden."

Juli 2015
Intensivstation, Deutsches Herzzentrum
Überwachungsstation, Deutsches Herzzentrum

Die Atmung an der NIV-Maske war seltsam. Ich versuchte keine Panik darunter zu bekommen. Damit meine Nase von dieser Maske nicht wieder kaputtriss, bekam ich einen Glibber-Schutz. Heidi war so lieb und besorgte diesen. Morgens und abends atmete ich nun brav an der Maske und war jedes Mal froh, sie wieder abnehmen zu dürfen. Man war weiterhin vorsichtig mit mir und meiner Lunge. Ich musste auf die Experten vertrauen.

Am 02.07. lief ich zum ersten Mal die Treppe ohne Hilfestellung hoch und runter. Ganz frei, ganz normal. Es war so wundervoll! Endlich war ich wieder mobil. Ich konnte wieder laufen und Treppensteigen. Sollte das Haus brennen, könnte ich allein weglaufen. Solche Gedanken quälten mich zuvor, als ich unbeweglich im Bett lag. Jetzt war ich wieder selbstständig. Die guten Nachrichten rissen nicht mehr ab. Es kam der Satz, auf den meine Familie und ich schon seit Monaten warteten, den ich herbeisehnte, der nach Erlösung klang: „Am 06.07. wirst du verlegt." Ich konnte es kaum fassen, so unglaublich froh war ich. Zu Franks Geburtstag würde ich schon verlegt sein! Endlich weg von der Intensivstation! Ich hatte die Überwachungsstation schon während meiner Laufübungen durchs Haus kurz besucht und sehnte diese Station herbei. Niemand möchte auf der Intensivstation liegen, schon gar nicht Monate! Als ich auf der neuen Station ankam flippte ich vor Freude aus: „Ein Kleiderschrank! Ein Tisch! Ein Badezimmer!" Fast 7 Monate lag ich auf der Intensivstation, ohne Badezimmer und ohne Privatsphäre. Nun hatte ich wieder eine echte Toilette und eine Tür davor! Das war wie alle Feiertage zusammen. Auf der Intensivstation hat man keine Toilette, kein Bad, keine Dusche, kein Tisch, kein Schrank, einfach gar nichts. Dort ist man nur ein Körper und nicht mal die Füße sind privat.

Frank bekam zu seinem Geburtstag eine liebe Karte von mir, wo ich ihn für alles dankte. Ein Geschenk konnte ich nicht kaufen und besorgte im Krankenhauskiosk stattdessen ein Päckchen Kaugummi mit Bart Simpson auf der Verpackung. Die Packung gibt es heute noch.

Das Training auf der neuen Station ging weiter. Ich machte verschiedene Treppenstufenübungen zur Muskelstärkung. Mein Alltag hatte eine neue Dimension von Anstrengung bekommen. Nun konnte ich mich wieder richtig bewegen und musste dies auch. Auf der Intensivstation gab es anfangs nur das Bett, später kam der Mobistuhl dazu. Auf der neuen Station gab es ein Bad, Tisch und Stühle, man musste sich also zwangsläufig mehr bewegen. Laufen ging soweit ganz gut, außer längere Strecken gingen noch nicht. Ich hatte also weiterhin außerhalb des Zimmers einen Rollstuhl. Aber mir war klar, ich musste den Rollstuhl bald hinter mir lassen, wenn ich zur Reha wollte. Und so lernte ich Stück für Stück auch wieder längere Strecken zu laufen. Tschüss, Rollstuhl!

Weiterhin stieg ich täglich auf die Vibrationsplatte „Galileo" und quälte mich mit Dehnübungen und so allerhand Gymnastik. Danach war ich immer völlig fertig, aber es fühlte sich gut an. Frank und ich gingen weiterhin täglich raus in den Klinikgarten und nun auch täglich in die Kantine. Dort tranken wir Kaffee oder Club Mate und träumten von unserem Leben, außerhalb der Klinik. Ich hatte wieder Mut und Hoffnung, war fröhlicher und konnte sogar meine Tabletten gegen die Depression absetzen. Ich sah langsam wieder Licht am Horizont.

Am 22.07. unterschrieb ich den Reha-Antrag. Jetzt sehnte ich nur noch den Abreisetag entgegen. Ich wollte einfach nur weg vom Krankenhaus.

August 2015
Überwachungsstation, Deutsches Herzzentrum
Mukoviszidosestation, Charité
Patiententransport zur Rehaklinik

Die Dialyse blieb, leider. Ich wurde nun auf dreimal die Woche umgestellt, für je vier Stunden. Zuvor hatte ich täglich Dialyse. Mich belastete alles. Ich wollte einfach wieder eine normale Nierenfunktion haben. Die Chance, dass meine Nieren von allein wieder ansprangen trieb die Meinungen auseinander. Mir wurde geraten mich auf die Nierentransplantationsliste setzen zu lassen. Ich tat es nicht. Den Gedanken an eine neue Transplantation ertrug ich nicht. Die Hoffnung blieb an mir haften, irgendwie. Schließlich konnte ich sogar wieder pinkeln, was vor ein paar Wochen noch überhaupt nicht funktionierte. Sogar mein Appetit wurde besser, die Sondenkost konnte eingestellt werden. Und nicht nur diese, die Beatmung mit der NIV-Maske wurde ebenfalls beendet.

Am 06.08. sollte es endlich zur Reha gehen. Meine Mutter und ich beschlossen uns mit Torten bei den Stationen für die lange Betreuung zu bedanken. Meine jetzige Station bekam Torten und wir brachten auch Torten auf die Intensivstation. Einer meiner Lieblingspfleger war sogar da und wir gaben die Torten ab. Ein Arzt fing uns auf dem Flur ab und erzählte uns, dass ein „Mukoviszidose-Mädel" in Zimmer 12 liegen würde. „Sie ist so wie du gewesen bist. Sie weint so viel und zieht ein Gesicht. Kannst du sie nicht einmal besuchen und mit ihr sprechen?" „Äh, ja." Wir fragten die zuständige Krankenschwester, ob unser Besuch okay wäre. Wir klopften an und traten hinein. Meine Mutter übernahm das Reden. Als ich J. im Bett sah, dachte ich mich selbst zu sehen. Mein krankes „Intensivstations-Ich". Sie war dünn, schwach, hing an einer Sonde, war beatmet und guckte Tiersendungen. Genau wie ich vor ein paar Monaten. Wir quatschten eine Weile und ich ließ ihr später sogar meine Telefonnummer zukommen. Wir schrieben uns auch eine Zeitlang. Später erfuhr ich, dass sie verstarb. Sie hatte es nicht geschafft. Es tat mir wirklich sehr leid. Die einzige transplantierte Person, welche wir mehr zufällig zu dieser Zeit kennenlernten und sie schaffte es nicht.

Am 06.08. ging es nicht zur Reha. Die offizielle Begründung war, dass es keinen freien Dialyseplatz für mich gab. Ich sollte noch weitere zehn Tage in der Charité warten. Ich wollte aber keinen Tag mehr warten! Ich wollte die Wände hochgehen! Es war zum Heulen und das tat ich auch. Es war wie disqualifiziert zu werden kurz vor dem Ziel. Ich musste in die Charité zurückziehen, dort wo alles begann. Manche Krankenschwestern freuten sich mich zu sehen, weil sie meinen damaligen Absturz miterlebten. Ich wollte zu dieser Station nicht zurück, ich wollte zur Reha! Ich wollte raus! Scheißdialyse!

Als der Reha-Termin erneut verschoben werden sollte, rasteten Frank und ich aus und verlangten einen Arzt. Herr Dr. S. kam zusammen mit einer mir unbekannten Ärztin vorbei und wir ließen unseren Frust an ihnen aus. Frank und ich waren unglaublich gestresst. Seit Monaten führten wir ein Leben im Krankenhaus, zwischen gut und böse und nun wo wir fast alles überstanden hatten, drehten wir uns erneut im Kreis. Die zweite Verschiebung war nüchtern betrachtet kein Weltuntergang, aber uns traf dieser Entschluss wie ein Schlag in die Magengrube. Frank sagte Dinge, wie: „Mir platzt der Arsch!", wo selbst ich fast erschrak. Herr Dr. S. versprach nach einer Lösung zu gucken. Immerhin wollte mich der Dialysearzt, der für das Reha-Zentrum zur Verfügung stand, kennenlernen. Einen Tag später kam er auch und er sicherte mir die Verlegung in die Reha für den nächsten Tag zu. Ich müsste einen Dialysetag ausfallen lassen, aber er entschied, dass dies bei mir möglich war. So konnte ich mit nur wenig Verspätung am nächsten Tag abreisen! Ich war früh wach und packte aufgeregt meinen pinken Koffer als hätte ich eine Reise gewonnen. Vielleicht hatte ich das auch, eine Reise namens „Leben". Der Transportfahrer war pünktlich und im Nu saß ich im Auto zur Reha. Ich konnte es kaum glauben! Ich saß tatsächlich im Auto zur Reha. Ich war sterbenskrank, hatte eine große Operation geschafft, mein Organ wurde gewechselt, ich hatte Probleme mit der Atmung, der Wundheilung, der Selbstständigkeit, überhaupt mit fast allem und nun hatte ich es überstanden und war auf dem Weg ins Leben zurück! Ich schaute aus dem Fenster und sah die Stadt, mein geliebtes Berlin, den Wald, einfach alles, was ich seit vielen Monaten nicht mehr gesehen hatte. Ich hatte so viel verpasst. Ich war so unglaublich glücklich, dass ich mein Mobiltelefon in die Hand nahm und etwas in die Welt schreiben musste:

„Sitze im Bus zur Reha. Ich könnte heulen vor Glück. Ich bin am Leben, kann atmen und habe es endlich geschafft. #organspende #transplantation"

Nachwort
April 2019

Die erste Version dieser Geschichte wurde 2016 veröffentlicht. Die Überarbeitung war mir ein Bedürfnis, jedoch fand ich lange nicht die Kraft den Text erneut in die Hand zu nehmen.

Es sind nun ein paar Jahre vergangen. Die Zeit der Transplantation kommt mir unendlich weit weg vor. So viel hat sich seither in meinem Leben verändert. Es gibt auch Augenblicke, da ist diese Zeit wieder präsent und trübt meine Gedanken. Ich staune über meine damalige Kraft. Der Mensch kann scheinbar unglaubliche Kräfte freisetzen. Heute geht es mir in vielerlei Hinsicht besser. Doch das Wichtigste ist: Ich habe mein Lachen nicht verloren und ich habe Frank an meiner Seite.

Und mein Organspender? Er oder sie lebt in meinen Gedanken. Und begleitet mich zu vielen Terminen, aber auch auf schöne Reisen, hinterfragt, liebt und kritisiert die Welt, Familie und auch Freundschaften mit mir. Und wir leben und lieben im Hier und Jetzt. Ich danke meinen Lesern und allen Menschen, die mich lieben und heute an meiner Seite sind. Wir haben es alle verdient glücklich zu sein.

Anika Bischoff-Borrmann
www.hamburgersafari.de

„I've been working my whole life.
And now it's do or die."
(Carrie Underwood, Sängerin)

Liebe Angehörige meines Organspenders,

mein Beileid für Ihren Verlust. Einen geliebten Menschen zu verlieren gehört zu den schlimmsten Dingen in unser aller Leben. Vielleicht haben Sie sich Dinge gefragt, wie: "Warum? Warum du? Warum wir? Womit haben wir das verdient? Warum ist das Leben so verflucht hart zu uns?" Ich kenne solche Fragen. Es sind Fragen der Trauer, Fragen der Wut. Manchmal bleibt das Universum uns Antworten schuldig.

In jungen Jahren verlor ich meine Schwester. Fortan musste ich lernen, ohne sie weiterzuleben. Meine Schwester und ich, einst ein Ärgern und ein Kinderlachen und heute nur noch eine Erinnerung. Und doch ist dies alles, was nach dem Verlust eines geliebten Menschen bleibt und der Trost, dass wir uns eines Tages wiedersehen.

Mitte der 1980er Jahre bin ich krank auf die Welt gekommen. Ich hatte mir diese Welt nicht ausgesucht, mit einer Krankheit, die mich wie ein Schatten, mal stärker, mal schwächer begleitet. Eine Krankheit, die mich bis heute jede Lebensentscheidung, sei sie noch so profan, zwei, gar dreimal überdenken lässt. Ihr Angehöriger bzw. Sie hatten auch eine Entscheidung getroffen. Eine Entscheidung fürs Leben, danach.

Ich wurde nicht geheilt, das ist nicht möglich. Doch es geht mir sehr gut. Dank der Bereitschaft zur Organspende ihres Angehörigen bin ich noch am Leben. Und ich genieße es!

Ich reise wieder, ich habe geheiratet. Ich sehe meinen Neffen und meine Nichte aufwachsen, von denen mir manchmal die Ohren glühen, aber ich liebe jedes ihrer Worte.

Ich bin dankbar, dass es Menschen wie Sie und Ihren Angehörigen gibt. Sie verdienen vollsten Respekt. Ich wünsche Ihnen nur das Beste.